U0934990

湖南科技大学学术著作出版基金资助

基于语用频率的汉语有标转折复句研究

Jīyú Yǔyòng Pínlǜ de Hànyǔ Yǒubiāo Zhuǎnzhé Fùjù Yánjiū

◎ 丁志丛　著

中国矿业大学出版社
China University of Mining and Technology Press
·徐　州·

图书在版编目（CIP）数据

基于语用频率的汉语有标转折复句研究 / 丁志丛著 . —徐州：中国矿业大学出版社，2020.12

ISBN 978-7-5646-4818-3

Ⅰ . ① 基… Ⅱ . ① 丁… Ⅲ . ① 汉语－语法－研究Ⅳ . ① H14

中国版本图书馆 CIP 数据核字 (2020) 第 270084 号

书　　名　基于语用频率的汉语有标转折复句研究
著　　者　丁志丛
责任编辑　章　毅　张海平
出版发行　中国矿业大学出版社有限责任公司
　　　　　（江苏省徐州市解放南路 邮编 221008）
营销热线　（0516）83884103　83885105
出版服务　（0516）83995789　83884920
网　　址　http://www.cumtp.com　**E-mail**：cumtpvip@cumtp.com
印　　刷　湖南省众鑫印务有限公司
开　　本　880 mm×1230 mm　1/32　印张 9.5　字数 216 千字
版次印次　2021 年 11 月第 1 版　2021 年 11 月第 1 次印刷
定　　价　78.00 元

丁志丛　男，湖南石门人，2008年毕业于湖南师范大学文学院，获文学博士学位。现为湖南科技大学人文学院副教授，硕士生导师，湖南省语言学会会员，主要从事汉语语法研究。先后主持教育部和省级课题6项，参与国家级、省部级课题5项。在《汉语学报》《云梦学刊》等学术期刊发表论文近20篇。主讲现代汉语、汉语语法学、理论语言学等课程，曾多次荣获学校教学优秀奖。

前　言

2016年，我有幸获得湖南科技大学学术著作出版基金资助，有机会将2008年在湖南师范大学提交的博士学位论文修改出版。随后几年，我利用工作之余和寒暑假时间修改文章，重新收集语料，统计分析。因为孩子小、工作任务重等多方面的原因，修改工作断断续续，进行得并不顺利，直到2020年8月稿件才得以基本完成，交付出版社编排。

本书以汉语有标转折复句为研究对象，并探讨其关联类型及使用情况，试图以邢福义先生的小句中枢语法理论、系统功能语法理论及语言类型学理论为指导，立足于汉语真实文本语篇，对汉语有标转折复句进行考察分析。将汉语有标转折复句与语用频率结合起来研究，在共时平面考察现代汉语各种有标转折复句句式在一定规模连续文本语料中的语用频率，进而分析影响有标转折复句句式使用频率的因素，同时对汉语有标转折复句关联标记的关联类型进行归纳总结；然后从历时角度考察汉语有标转折复句的使用及变化情况；最后通过与英语、日语的比较考察，探索其类型学意义。

书稿主要包括八个部分。第一章和第八章分别是全书的导论和结语，第二章至第七章为全书的主体，分别从汉语有标转折复句的共时分布、历时演变、类型比较三个角度进行考察分析。

第一章，导论。简要介绍本书的理论背景和研究方法，对书稿选题作简要说明，对前期相关文献进行综述，介绍本书研究的主要方面以及结构，对语料的选择和语体分类进行说明。

第二章，汉语有标转折复句的界定。主要运用邢福义的“异态”思想对转折复句进行界定，对有标转折复句和转折关联标记的范围和数量进行限定。

第三章，现代汉语有标转折复句使用频率和关联标记模式考察。首先建设一个包括四类语体总计400万字的分类语料库，然后分别统计各种转折复句句式在不同语体语料中的出现频率；探讨关联标记数量和分布情况与有标转折复句使用频率的关系；根据关联标记出现的位置将有标转折复句进行分类，进而探讨汉语有标转折复句的关联标记模式。

第四章，影响汉语有标转折复句使用频率的原因分析。简单归结为三个方面：复句关联标记的影响，包括关联标记的数量和位置的影响；复句句式构成的影响，包括小句的完整性和小句主语与关联标记语序的影响；语用认知的影响，包括语体差异的影响、关联标记双音节化、口语化的影响及心理认知的影响等。

第五章，汉语有标转折复句的历时考察。主要分秦汉、魏晋至晚唐五代、宋元、明清、现当代五个时期，搜集有代表性的文学作品，分别建立了各100万字的语料库，进行统计考察，进而进行比较分析，探讨汉语有标转折复句的转折关联标记和句式的历时使用情况。

第六章，通过进一步比较，探讨汉语有标转折复句的历时演变情况，并对汉语有标转折复句的历时变化进行了相关解释。

第七章，通过与英语、日语的有标转折复句的对比分析，对汉语有标转折复句进行类型学考察。

第八章，结语部分，总结本书研究的主要内容，得到的主要结论以及研究的重要意义并对研究中存在的一些问题作简要的分析，对今后的研究提出设想。

本书主要以汉语有标转折复句为研究对象，就其共时分布、历时演变和类型比较等方面进行了分析研究，其中在历时演变的个案分析方面及类型比较方面还不尽如人意，还有许多工作要做。

目　录

第一章 导 论

汉语语法研究是多视角、多维度的，汉语的各级各类语法单位如语素、词、短语、句子、句群、语篇等，都可以是语法研究的对象。应该说，无论以哪种语法单位为视点进行研究，都是可行的，都能够发现语法规律，解释相应的语法现象。自1898年我国第一部汉语语法专著《马氏文通》问世以来，几代语法研究前辈分别站在不同的视角进行汉语语法研究，进而相应地形成了几种汉语语法本位观并明确提出了汉语语法本位学说。其中影响较大的有马建忠的“词类本位”、黎锦熙的“句本位”、朱德熙的“词组本位”、徐通锵的“字本位”、邢福义的“小句中枢”。[1] 另外还有的立足于不同的研究方法，创建不同的语法体系，如范晓在“三个平面”的基础上提出了“三维语法”。这些不同的语法观有不同的理论方法、研究路线和实践主张，对于汉语语法事实有不同程度的解释力，都是可取的，也是互补的。但是他们的研究层面不同，研究视点也不一样（储泽祥，2004）。汉语语法事实是唯一的客观存在，而基于主客观相结合的汉语语法体系是多元的，这也是无法回避的事实。

本书以汉语有标转折复句为研究对象，并探讨其关联类型及使用情况，因而要选择相应的语法观，以其理论方法、研究路线和实践主张进行理论指导。本书试图以邢福义的“小句中枢”语法理论、系统功能语法理论及语言类型学理论为指导，立足于汉语真实文本语篇，对汉语有标转折复句进行考察分析，进而进行相关研究。

本书将汉语有标转折复句与语用频率结合起来进行研究，在共时平面考察现代汉语各种有标转折复句句式在一定规模连续文本语料中的语用频率，进而分析影响有标转折复句句式使用频率的因素，同时对汉语有标转折复句关联标记的关联类型进行归纳总结；然后从历时角度考察汉语有标转折复句的使用及变化情况；最后对汉语方言、英语及日语三者进行比较考察，探索其类型学意义。

1.1 研究的依据

本书研究的对象是汉语有标转折复句，研究的内容是汉语有标转折复句的关联类型及其类型学意义、汉语有标转折复句共时历时平面的使用情况的考察及其相关解释。

汉语有标转折复句是指分句间具有转折逻辑语义关系并用转折关联标记标明的复句。本书第二章将进行详细讨论。之所以选择这个方向进行研究，是基于以下几个方面的原因。

1.1.1 研究视点的确定

储泽祥（2004）《小句是汉语语法基本的动态单位》一文指出：“语言里最普遍的单位不是短语，而是句子或词，研究语法，不能不研究句子的法则。就汉语而言，不采用形态变化的手段，复合词的内部结构和短语、句子有较大的一致性，词类的划分、短语的切分都不能完全脱离句子，研究者们自然把精力更多地放到了句法上，汉语的句法也就显得尤为重要。”[2] 由于汉语缺乏形态，一个语法单位性质的判定只能依据其功能表现，而功能表现又和语法单位之间的线性组合密切相关，语法单位的线性组合就是句法。该文还指出：“词组本位的视点，在语法研究的基础阶段是必需的，但有了较好的基础、取得了较多的成果之后，视点应该转向小句中枢或其他的研究角度。……20 世纪 90 年代以来，现代汉语语法研究发生了一些明显的变化，主要体现在两个方面：一是在注意形式意义相互验证的同时，强调句法机制的管控作用和语用因素的影响作用；二是注意从句法之外去寻找影响句法机制的因素。这两个方面有个共同特点，通常都以小句为基本对象来研究问题，都重视句法机制。”[2] 储泽祥的这些观点对本书研究方向的确定很有指导意义。因此，本书选择以小句为研究视点，以“小句中枢”语法理论为指导，对汉语有标转折复句的关联标记模式及使用情况进行考察。

1.1.2 复句研究应受到更多的关注

邢福义的“小句中枢”语法理论认为，小句是汉语语法基本的动态单位。由一个独立小句构成的是单句，由两个或两个以上非独立小句构成的是复句。一定数量的单句和复句按照特定的表达意图组合在一起，就形成了可以表情达意、具有特定交际功能的语篇。因此，语篇中的句子基本可以分为单句和复句两大类。

那么，单句和复句在语篇中的地位如何？谁更重要呢？如果仅从语法单位角度看，可以说难分伯仲；但从研究的广度和深度来看，单句（尤其是句型句式）的研究更为充分，而复句的受重视程度要差一些。复句是小句的组合，是小句联结的一种语法实体。复句中的小句既是相对独立的，又是互相依存的，有着复杂多样的关联机制。弄清了复句的关联机制，下可促进对小句、短语乃至词的研究，上可促进对句群、段落和篇章的研究。因此，选择复句进行研究对汉语语法研究的全面深入展开具有承上启下的作用。由此可见，复句研究在汉语语法研究中具有举足轻重的地位，我们应该对这一研究领域给予更多的关注和热情。

复句的重要性不仅体现在它的语法性质上，还表现在它的使用数量上。姚双云（2008）以《人民日报》语料样本作为统计对象，考察了复句和单句的使用情况。其考察结果表明，在总共 846 973 个句子的语料样本中，其中单句个数 263 792，占总数的 31.1%；复句个数 583 181，占总数的 68.9%，复句的使用比例远远高于单句的使用比例。[3] 由此可见，在汉语句法体系中，复句具有重要的地位，要真正掌握汉语的句法规律，不能孤立地研究小句，而应该重视复句的研究。

根据是否有关联标记，汉语复句可以分为有标复句和无标复句两种。有标复句是带有关联标记的复句，即通常所说的“形合句”；无标复句是没有关联标记的复句，即通常所说的“意合句”。有研究表明，有标复句与无标复句在一定语篇中的使用数量上也存在较大的差异。出于经济原则的考虑，通常情况下人们倾向于使用无标复句表达复杂的意思，因而无标复句的使用多于有标复句，但是，有标复句的使用比例并不小。据姚双云（2008）统计，在《人民日报》语料样本583 181个复句中，有标复句有165 096句，占复句总数的28.3%，无标复句有418 085句，占复句的71.7%。[3] 另外，罗日新（1995）调查了34篇中学语文课文后发现，“34篇语言材料中，共有复句1 225例，其中带关联词语的有标复句487例，占复句总数的38.9%”[4]。两人统计的有标复句出现频率相差了10个百分点，这可能与二人所用的语言统计材料有关：其一是语料容量差距悬殊，前者统计材料中的复句数量是后者的476倍，因而后者难免出现数据稀疏的现象。其二，前者所用的是未经过人工干预的新闻材料，真实自然；后者统计材料是中学语文课文，出于教学的需要，可能进行了人工干预，有意突出了有标复句的出现频率。因此，笔者认为姚双云的统计结果更客观，更符合语言实际。由此可见，现代汉语有标复句的使用比例约占复句使用总量的30%。这是一个比较高的语用频率，对有标复句进行研究是很有意义的。

1.1.3 便于集中深入地讨论问题

选择“有标转折复句”作为研究对象，可以更集中、深入地讨论问题。从前文姚双云（2008）的统计数据可以看出，复句的使用频率是非常高的。复句在汉语句法中具有重要的地位。研究复句，既可以发现许多复句关联的规律，还可以发掘出更多的关于小句的句法特征。复句问题解决了，许多句法问题就会相应地解决。而解决复句问题应该以有标复句为重点，因为在复句的使用中，有标复句的比例也比较高，而且有标复句的关联标记可以作为句法与语义关系的形式标记，便于研究工作的开展。因此，以有标复句为突破口进行汉语的句法分析，是一种策略，符合汉语句法研究的实际情况。

但是，汉语的复句系统是很复杂的。邢福义在其《汉语复句研究》(2001) 中将汉语复句分为并列类复句、因果类复句和转折类复句三大类，然后又细分为十八小类。要对所有的有标复句进行研究是一项艰巨的工程，限于时间和精力，本书不可能全部涉及，只选择汉语有标复句中的有标转折类复句为研究对象。之所以如此选择，是因为与因果类复句、并列类复句相比，转折类复句具有更加复杂、深刻的逻辑语义基础，其内部分类也更加丰富多彩。更重要的是，相对因果类复句和并列类复句等“常态”关系来说，转折类复句表达的是一种“异态”关系。为了显现这种“异态”关系，转折复句一般都要用关联标记来标明分句间的转折语义关系。因此，从关联标记出发进行研究，本书的研究对象基本可以涵盖所有的转折类复句，使研究结论更全面、更可靠，更符合客观语言实际。

1.2 汉语转折复句研究综述

在以往的研究中，单独以“有标转折复句”为对象进行研究的成果基本没有，但在转折关系复句的研究中多有涉及，这些研究成果对本书的研究有一定的借鉴参考意义，这里进行简要综述。

自 1898 年马建忠的《马氏文通》问世以来，汉语语法学得以创立，并蓬勃发展起来。一百多年来，汉语语法研究取得了巨大的成就，汉语转折关系复句的研究也取得了丰硕的成果，经过几代语法学家的艰苦探索，对汉语转折关系复句的认识越来越深入，尤其是对汉语转折关系复句的深层语义内涵的发掘越来越深刻，越来越有说服力。郭志良在《现代汉语转折词语研究》(1999) 一书中，对汉语转折关系复句一百多年来的研究情况进行了较为详尽的梳理[5]。

1.2.1 汉语语法学创立时期的转折复句研究

这一时期是指1898—1936年，讨论转折复句的主要是《马氏文通》(1898) 和《新著国语文法》(1992)。前者论述的对象是文言文，后者论述的对象是白话文。这两本著作开了讨论转折复句的先河。

《马氏文通》把转折复句称作“反正之句”，其代表句式为“……，然(而) ……”。其对“反正之句”的解释是:“反正之句者，即前后句意义相背，中假连字以捩转也。捩转而不用连字者亦有焉，然不概见也。”[6]“转捩连字者，所以反上文而转申一义也。”[6]转捩连字指“然”以及“然而”“然则”等表示转折意义的连词。马建忠将“虽”“纵”等让步连词和“若”“苟”等假设连词统称为“推拓连字”，所谓“推拓连字者，所以推开上文而拓展他意也”。

《新著国语文法》把转折复句归入等立复句，又进一步将等立复句分为三类:① 重转的，“后句反对前句，表示全部相反的观念与事故”。② 轻转的，“后句限制前句，表示部分相反”。③ 意外的，“后句打消前句，表示出乎意料之外与无可奈何的心理”。黎锦熙把让步复句归入主从复句，认为让步复句的“从句和主句立于反对的地位；但说者也承认容许从句事实或理由的存在，像是表示说话时的让步，所以这种从句叫做让步句，也称认容句。国语常把让步句排列在前，因为下面的主句常是转折句；新式的却常列在主句后”[7]。并进一步将这类复句分为“重在表事实上之认容”和“重在表心理上之推宕”两小类。

这个时期的研究成果表现在：从前、后分句的表层语义关系上对转折复句进行了界定；转折复句属于等立复句；转折复句有形合和意合两种形式；转折复句可分为“重转的”“轻转的”和“意外的”三小类；对于让步句，两著作所做的归类有差异。

1.2.2 汉语语法学探索时期的转折复句研究

这一时期是指1936—1949年，讨论转折复句的主要有王力的《中国现代语法》(1985)、吕叔湘的《中国文法要略》(1982) 和高名凯的《汉语语法论》(1986)。

《中国现代语法》也把转折复句归入等立复句，认为“转折式，是把性质相反的两件事情并成一句”。主要关联标记是“但”“但是”“只”“然而”等。[8] 王力也把让步复句归入主从复句，但对让步复句有了更深入的阐释，指出了容许式与条件式的区别：条件式是后句受前句的影响，容许式则是后句不受前句的影响。

《中国文法要略》把转折关系归入“离合—向背”关系，从语言心理上对转折复句进行了深入的探讨，认为“对待句和正反句，都已含有转折……凡是上下两事不谐和的，即所谓句意背戾的，都属于转折句。所说不谐和或背戾，多半是因为甲事在我们心中引起一种预期，而乙事却轶出这种预期。因此由甲事到乙事不是一贯的，其间有一转折”[9]。吕叔湘把让步关系归入“擒纵—衬托”

关系，并把让步复句分为“容认”和“纵予”两小类，其中容认句指用“虽然”等关联标记联系的句子。容认句和转折句很相近，所不同者在于：转折句是平说，前句不表示后句将有转折，而容认句则前句既已作势，预示后句将有转折。容认句和纵予句的前句均表示有所让步姑且承认，后句再表示转折，所不同的是，容认句的前句承认的是实在的事实，纵予句所承认的是假设的事实。

《汉语语法论》把转折关系和让步关系均归入并列关系，把转折复句和让步复句统称为“对抗式的并列的句子”。这种句子“表示分句与分句之间的意思是对抗的”。[10]

这个时期的研究成果表现在：从前、后分句的深层语义关系上对转折复句进行了界定，使转折复句的研究向前迈出了关键性的一步；进一步揭示了转折复句与容认句及纵予句之间的联系与区别。相对而言，吕叔湘对转折复句“轶出预期”的解释比王力更深入、也更科学，对后学的影响也更大。

1.2.3 汉语语法学发展时期的转折复句研究

这一时期是指1949—1976年，讨论转折复句的主要有《暂拟汉语教学语法系统》(1956)、张志公主编的《汉语知识》(1962)和一些大学汉语教材。

《暂拟汉语教学语法系统》把“……，但是……”归入联合关系，把“虽然……，但是……”归入偏正关系。①

《汉语知识》把“……，但是……”和“虽然……，但是……”统称为转折复句，都归入偏正复句。对转折复句的解释是：“前一

①《暂拟汉语教学语法系统》于1956年秋推行。

个分句说了一个意思，后一个分句不是顺着前一个分句的意思说下去，而是作了一个转折，说出同前一个分句全然相反或者相对的意思，这样两个分句的关系是转折关系。前一个分句是偏句，后一个分句是正句”[11]。把“即使/尽管……，也……”归入假设复句，但是指出这种格式“兼有假设和转折两种性质”。

黎锦熙、刘世儒的《汉语语法教材》(1962）对“……，但是……”的解释是：“前后两句，语义对立，中隔连词，表示转折。在结构形式上并无主从之分……，但在意义范围上却有轻重偏全之别。”[12]把这种转折复句分为“相反”“修补”“意外”三个小类。并进一步对“对立”和“正反”作了区分，认为“不……，相反(反之）……”不是转折句，而是并列句。认为让步复句的后句是转折性的，让步复句只是把转折复句的前句加进一个让步关联标记，先表示承让再转折，从而更衬出转折句转折语气的坚决。

北京师范大学中国语言文学系的《汉语讲义》(1958）对“(虽然）……，但是……”的解释和《汉语知识》基本相同，对“即使……，也……”的说明是“假设让步句，以退为进，特别有力”。[13]

北京大学中国语言文学系汉语教研室的《现代汉语》(1962）上册对“……，但是……”的解释是“偏句跟正句意义相反”，对“即使……，也……”等让步复句的说明是“在偏句里用即使、尽管等表示让步，再在正句里说出相反的意思”[14]。可见，转折复句和让步复句都被归入偏正复句。

丁声树等的《现代汉语语法讲话》(1961）把“……，但是……”称作对比句，归入并列句，其解释为“对比句中各分句的意思是对立的，前头的分句用来衬托后面的分句”。将“虽然……，但/

却……”和“即使/就是……，也……”归入偏正复句，其说明是“偏句作一种让步，正句说出正意。有的先承认事实然后转入正意”。[15]

胡裕树主编的《现代汉语》(1962)对“(虽然)……，但是……”的解释和《汉语知识》基本相同，指出“转折关系”的特点是“句子的重心在后面那个分句上，乙事不受甲事影响，乙事的成立不以甲事为条件”。并把这种复句分为“重转的”“轻转的”和“介乎二者之间的”三小类。把“即使……，也……”归入假设复句，其说明是“后果与假设的情况不一致”。[16]

杨欣安等编写的《现代汉语》(1958)把“……，可是……”一分为二，有的归入“重转”，有的归入“轻转”；把“……，否则……”看作转折复句，并归入重转句。[17]

这个时期的研究成果表现在：一般把“……，但是……”和“虽然……，但是……”归入偏正复句；将让步句分为事实性让步和假设性让步。胡裕树主编的《现代汉语》继承了王力、吕叔湘和黎锦熙等的观点，产生了一定的影响。黎锦熙、刘世儒已注意到，具有“正反”关系的复句不一定都是转折复句。杨欣安等主张把“……，否则……”归入转折复句。由此可见，语法学家们对转折复句的认识有了进一步深化。

1.2.4 汉语语法学创新时期的转折复句研究

这个时期是指1976—1999年，语法论著大量涌现，其中涉及转折复句的论著可分为以下几种：大中学汉语语法教材；王维贤的论著；邢福义的论著；郭志良的论著。

其中中学教学语法著作有：张志公主编的《汉语知识》(修订本1979)、吕冀平主编的《汉语语法基础》(1983)、王少阁等主编的《现代汉语知识》(1994)。电大、函授教材主要有：张志公主编的《现代汉语》(1982)、张斌主编的《现代汉语》(1996)、何世达等编写的《现代汉语》(1983)。这些教材对转折复句的解释跟张志公主编的《汉语知识》(修订本1979)基本相同。

大学教材主要有：北京大学中文系现代汉语教研室编写的《语法修辞》(1978)、胡裕树主编的《现代汉语》(1979)、张静主编的《新编现代汉语》(1980)、黄伯荣与廖序东主编的《现代汉语》(1980)、钱乃荣主编的《现代汉语》(1990)、徐青主编的《现代汉语》(1990)、易洪川主编的《应用汉语教程》(1992)，以及李裕德编写的《科技汉语语法》(1985)和王燕南主编的《现代汉语简明教程》(1989)。这些教材对转折复句的解释大同小异，都注意到了转折复句的逻辑意义基础是前、后小句之间的矛盾、对立或者差异，所不同的是对转折复句的归类、范围等方面。

值得注意的是，张静主编的《新编现代汉语》(1980)把“虽然……，但是……”以及“即使(纵然/尽管/哪怕)……，也(又)……”统称为“让转复句”，其解释是：“在这种复句里，两个分句的意思往往处于对立的地位，前一个分句先表示对事实或理由的承认或容许，然后转入正意。表示让步的分句是偏句，表示转折的分句是正句。”但同时该教材又认为“即使(纵然/尽管/哪怕)……，也(又)……”句式的“前一个分句表示让步，后一个分句没有或很少有转折的意思”[18]。另外，钱乃荣主编的《现代汉语》(1990)、易洪川主编的《应用汉语教程》(1992)把转折复句分为两小类：①“重转的”，代表式为“虽然……，但是……”。②“轻转的”，代表式为“……，不过……”。这两部教材把“尽管……，也……”归入转折复句，让步复句包括“即使……，也(还)……”和“再……，也……”。[19, 20]

这一时期，对转折复句的研究已取得了突破性的进展，专题论著开始出现，结合具体句式深入探讨了转折复句的语义关系及其表现形式，在研究方法上出现了引进、创新、互补的特点，呈现出由主流化向多样化的发展。主要成果以王维贤、邢福义、郭志良的论著为代表。

王维贤研究转折复句的论著主要是论文《论“转折”》(1982)、《论转折句》(1991)和他主编的《现代汉语复句新解》(1994)。王维贤在他的这些论文和论著中对转折复句所持的观点可以归纳为以下几点：一是从形式逻辑角度分析“虽然……，但是……”所反映的逻辑关系，认为如果把“虽然……，但是……”看作一个推理的紧缩式，那么它的前提是“如果A，那么较大可能非B”。这个前提也可以看作构成“虽然……，但是……”的一个预设。二是“虽然……，但是……”也可以看作联言判断，但合取关系不是它的具有特征性的关系。三是认为“否则”句和优选句(“宁可”句)不包括在转折句之内，“否则”句中的所谓“转”不是转折，而是“相反”，而“优选句”实质上是优选语气中的“舍彼选此”。四是在《现代汉语复句新解》中，明确提出转折复句分为三类：“表让步和表转折的关联词语成对使用的让步句(虽然……，但是……；即使……，也……)”；“单用转折的关联词语的转折句(……，但是……)”；“不用关联词语的意合句”。[21]

邢福义研究转折复句的论著主要有《复句与关系词语》(1985)、《现代汉语》(1986)、《汉语语法学》(2000)、《现代汉语复句研究》(2001)，还有十几篇涉及转折复句的论文。邢福义对转折复句所持的观点可以归纳为如下几点:

(1) 把转折复句独立为一大类，跟因果类复句和并列类复句相对立，并从理论上阐明转折类复句与非转折类复句之间的关系，指出了“因果类各种关系和并列类各种关系反映事物间最基本的最原始的联系，转折类各种关系则是在基本的原始的联系的基础上产生的变异性联系。”

(2) 认为转折类复句反映各种各样的“转折聚合”，“包括种种直截了当的转折，先作让步的转折和假言否定性转折的聚合；其聚合点，是事物间的逆转性，或者说是事物间的矛盾对立”。以“转折聚合”的共同点为根基，根据关系标志所构成的不同句式，把转折复句三分为：转折句、让步句和假转句。[22]

(3) 将“即使……，也……”“宁可”句式归入让步句，统归转折复句，将“否则”句归入假转句，统归转折复句。

(4) 指出复句语义关系具有二重性，在句式的选用上，主观视点起主导作用，复句格式一旦形成，对复句语义关系会产生反制约的作用。[23]

(5) 强调关系词语在标明复句语义关系时有显示、转化、强调的作用。[24]

(6) 提出“常态”和“异态”理论，提倡转折复句的研究要努力做到“三个充分”。[25]

郭志良的《现代汉语转折词研究》(1999) 在总结前人的研究

成果基础上找出有待深入研究的问题，然后从转折复句深层语义关系的类别入手探讨语法结构形式，再反过来从语法结构形成入手探讨转折复句深层语义关系的类别。郭志良对转折复句所持观点可以归纳为如下几点：

(1) 在复句这个大家族里增设四个新成员：定位复句、条件复句、范围复句、让步复句，认为有让步就有转折，但有时受语境的制约隐性转折关系不能被激活。

(2) 认为每一种复句（包括直言和假言的），从大类上说都可以分化出转折复句来，但分化有条件。

(3) 提出了转折复句的预设有多种：① 背景知识预设（多为隐性的）；② 上下文的逻辑预设（多为隐性的）；③ 前一分句的逻辑预设（隐性和显性的）。

(4) 转折复句是心理上的转折，判断转折复句，主要不是看分句之间是否语意对立，而是看后一分句所表事实是否轶出预期，是否属于异态。[5]

此外，党军旗在《转折复句深层结构试析》(1988) 中认为，当时中学、大学汉语语法教材中关于转折复句的种种定义都未能准确地揭示出这种句式的本质特点，未能清楚地反映它的内部意义联系，进而从形式逻辑的角度分析指出，转折关系本质上是一种反因果关系。根据这一标准，转折复句的定义应该表述为："两个分句间存在反因果关系的复句是转折复句"[26]。

这个时期，对转折复句的研究无论是广度还是深度都已走向成熟。邢福义从语义方面研究转折复句已达到了一个新的高度，王维贤、郭志良二位试图用古典逻辑和模态逻辑去揭示转折复句更深层次的内容，这说明转折复句仍有值得去挖掘的问题。

1.2.5 新世纪以来汉语转折复句研究

新世纪以来是指2000年以来，语法学家们从转折复句内部的再分类、转折复句的逻辑语义关系、转折类关系词语的来源和比较、转折复句的对外汉语教学等方面，对汉语转折复句进行了更加广泛、深入的研究。

关于转折复句内部的再分类方面，王忠玲在《转折复句语义分类的新尝试》(2001) 中认为复句的转折关系就是“前、后分句的意思相反或相对”的说法是不够全面的，并从语义关系的角度对转折复句进行了深入探讨，提出转折复句分句之间除“相反或相对”关系外，还有差异性关系和限制性关系；差异性关系又包含对比关系和衬托关系，从而对转折复句的语义关系作了全新的概括。郭志良《汉语复句问题的思考》(2002) 通过对“分句之间语意对立，是否就是转折？‘否则’之类是否具备转折连词的资格？‘不(是) ……，而(是) ……’格式中的‘而’是什么性质的连词？”等问题的分析，认为邢福义的“异态”思想，继承并发展了吕叔湘的“轶出预期”的思想，这种“轶出预期”的“异态”思想是判断转折类复句的关键。[27] 张仁在《说转折》(2000) 中从语义和语法两个层面探讨转折关系，提出正意与偏意或偏意的句外意相反相对仅是转折的语义基础；实现转折的语法标志，在复句与句群中，只有正意中使用的“但、却”之类关联词语，还提出以语势为依据为转折复句分类的新见解。李军、王永娜在《也谈转折复句的内部分类》(2004) 中从形式和意义相结合的原则出发，根据转折复句的逻辑语义关系的不同把转折复句分为撤消预期类转折复句、补充限制类转折复句、句外对比类转折复句、句内对比类转折复句4类，并从预设的角度寻找出这种分类的形式验证。

关于转折复句的逻辑语义关系研究方面，刘顺在《试论转折复句分句间的语义关系》(2000) 中认为，转折复句分句间的语义关系，可分为三种类型：一是客观相反关系；二是主观相反关系；三是推论相反关系。每种类型形成的基础是不相同的，分句在组成复句过程中也呈现出不同的语义特点。胡培安、王岩在《转折句的逻辑语义关系》(2000) 中认为，转折句的两个分句之间的逻辑语义关系具有对立性，具体表现为蕴涵性对立、程度或作用对立、性质或特征对立、条件对立，这几种对立在语言实际中又有不同的表现。谢奇勇在《也谈转折复句的内层蕴涵》(2004) 中认为转折复句的内层蕴涵是指在转折复句的转折关系中所蕴涵的逻辑思维形式。对于这一“内层蕴涵”，有人分别指出过“蕴涵一个模态判断”或“蕴涵假设解释”，这些分析并没有完全揭示出转折复句的内层蕴涵。转折复句的内层蕴涵应该是一个“模态三段论”的推理过程。根据这一推理过程，可以确定一些检验转折复句的转折关系是否成立的原则。刘永红在《转折复句语义重心的逻辑语义分析》(2003) 中认为，就已有资料来看，对转折复句的语义重心存在明显分歧，一些语言学家认为转折复句的语义重心在第二句，但此论点与论据之间的联系尚未澄清，缺少一个论证过程，并运用数理逻辑真值判定表运算对转折复句语义重心进行逻辑语义分析。通过对转折复句语义重心的求证，确认转折复句的语义重心在后分句上。这验证了吕叔湘、胡裕树、张志公等多位语言学家的断定。

转折类关系词语的来源方面，不少学者借鉴语法化理论对单个转折连词的来源进行了考察，如对“可是”“不过”“但”“只是”“然而”“虽然”等连词的考察。周刚《连词产生和发展的历史要略》（2003）在前人研究的基础上，揭示了从上古至现代汉语连词产生和发展的历史概貌，其中涉及了转折连词的发展演变情况。邓云华、石毓智在《从限止到转折的历程》(2006）中认为绝大多数的转折连词都来自范围或者程度的限止副词。然后又分析了自然语言中的各种转折关系，指出转折的概念基础都是在更抽象的层次上与范围或者程度的表达密切相关，从而揭示出由限止向转折发展背后的深刻理据，确立了转折概念的语义结构。

综上所述，前人世贤对汉语转折复句进行了多方面的研究，取得了丰硕的成果，对转折复句的内涵、外延、内部分类及其深层逻辑语义关系都有了深刻的认识。但是，这些成果分别是就转折复句的某一方面展开研究，缺少综合性的研究成果，对于汉语转折复句的学习，尤其是对外汉语教学中的转折复句教学，指导性不强。如在现代汉语共时平面，转折复句句式有哪些？其分布情况如何？其关联标记模式有哪些？其使用频率有什么不同？有哪些因素影响其使用频率？在历时平面汉语转折复句句式有哪些？其句式构成有什么变化？转折复句关系标记是如何产生和演变的？其动因有哪些？对这些历时的研究，有利于认清现代汉语转折复句的来源。汉语转折复句和汉语方言及其他民族语言比较，有什么共性和个性，有哪些类型学特征？本研究基于使用频率的统计，从共时、历时和类型比较等角度对汉语有标转折复句进行分析考察，期望获得有规律性的结论，从而给汉语有标转折复句的信息化处理和对外汉语教学提供最基础的依据，也将会给汉语复句研究打开一个全新的视野，促使汉语研究更深入地开展。

1.3 理论与方法

在充分借鉴前人研究成果的基础上，本书运用“小句中枢”理论、认知语言学、语言类型学理论和定性定量的分析方法对汉语有标转折复句进行全面考察。

“小句中枢”理论是邢福义提出来的。邢福义在《小句中枢说》（1995）中全面阐述了“小句本位”的学术主张。1996 年邢福义出版了专著《汉语语法学》，实践了其“小句本位”的学术主张。“小句中枢”的思想符合汉语的实际，是适合于汉语语法研究的语法描写理论。“小句中枢说”的基本内容包括五个方面：① 认定小句在汉语各类各级语法实体中占中枢地位。② 认定小句有“成活律”“包容律”和“联结律”，“小句三律”可以加深对汉语语法系统中小句的中枢地位的认识。③ 认定汉语语法重视“句管控”，即小句在中枢地位上对汉语语法规则的方方面面发挥其管束控制的作用。④ 认定汉语句法结构具有兼容性和趋简性。结构形式的趋简，导致结构语义的兼容；语义兼容的可能性，又提供结构趋简的可能性。⑤ 认定要在研究工作中贯彻和实践“小句中枢说”。主要的思路和方法是“两个三角”，即“表－里－值”小三角和“普－方－古”大三角。[28]“小句中枢”理论有助于我们对汉语有标转折复句的“表－里－值”的认识。[29]

认知语言学中的原型范畴理论。与亚里士多德的经典范畴不同，20 世纪 70 年代以来，罗施（E. A. Rose）等学者对一些基本概念进行了实证研究，将前人对具体问题的范畴和原型研究普遍化、理论化，认为原型（prototype）是人们对世界进行范畴化的认知参照点，所有概念的建立都是以原型为中心的，建立起了原型范畴理论。在此基础上，认知语言学家们建立了“基本范畴和原型理论”，确立了范畴在认知心理学和认知语言学研究中的重要地位，并提出了基本范畴等级效应和原型效应的观点。[27] 罗施认为原型范畴中的成员是非对称的，一些成员比另一些成员更具有代表性和特殊的认知地位，这就是原型效应。基本等级范畴是典型的原型范畴，体现为范畴成员之间具有最大的家族象似性（完形、功能方面），原型也在基本等级范畴中得到最好的体现，即基本范畴具有明显的原型成员。原型范畴理论有助于我们认知汉语转折复句范畴的形成及其发展。[30]

语言类型学的全称是“语言共性与语言类型学（language universals and linguistic typology）”。语言学界公认格林伯格（J. H. Greenberg（1963）的《某些主要跟语序有关的语法普遍现象》是当代语言类型学的开山之作。另一本语言类型学名作是 William Croft（1990）的《语言类型学与普遍语法特征》。由此可见语言类型学和语言共性研究的这种“二而一”的关系。因此，语言类型学也可以进一步简称为“类型学”。类型学家致力于从跨语言（及跨方言）的角度观察研究人类语言，通过跨语言比较寻求或验证语言共性，再以语言共性为背景更透彻地揭示具体语言的特点并以此将众多语言归为若干类型。因此，语言类型学的研究可以弥补单一语言研究的不足，为观察人类语言的本质提供了单一语言研究所达不到的视角，也为单一语言的研究提供了在语言内部所达不到的视角。[31]

从研究方法来说，本书综合运用了多种方法，比如常见的统计分析方法，即在分别统计各种转折复句句式在共时平面四种语体中和历时平面各时期语料中的使用频率的基础上进行的，利用句法位置的分布特征进行聚类分析。

1.4 关于语体分类

当今，越来越多的语言研究工作者注意到了语法研究和语体差异的关系，明确了语体意识在语法研究中的重要性。张伯江(2007)在《语体差异和语法规律》一文中指出："要在合适的语体里寻找合适的实例，在合适的语体里合适地解释实例"。[32] 功能语法学者把语体分类的语法学意义提到前所未有的高度，他们的看法是："以语体为核心的语法描写应该是我们今后语言研究的最基本的出发点。任何严谨的语法学家如果打算忽视语体的区别而提出汉语语法的规律必须首先在方法论上提出自己的依据来。"[33]

其实汉语的语体问题是伴随现代汉语语法研究整个过程的。吕叔湘(1983)就曾专门写文章探讨文言与白话的界线问题，值得注意的是，吕叔湘这篇文章关注的虽然是文言与白话的界线，眼光却触及对话与叙述、说明与议论、应用与文艺等多种文体的对立问题。可是这些问题后来并没有引起语法学家的充分重视，只是在修辞学领域里有所讨论。多年以后，吕叔湘在强调"通过对比研究语法"这一观点的时候，把文体影响语法的问题明确提出来了。他讲到的汉语跟外语、现代汉语跟古代汉语、普通话跟方言的对比或许人们都不难意识到，但是普通话内部不同语体的对比，是不是有同样高度的意义，吕叔湘的态度是肯定的。吕叔湘（1977）认为汉语语法规律约束力不强，很大的原因是在总结规律的时候没有区分出不同的语体来，各种不同风格的语言现象摆在一起，得出的只能是最大公约数；如果把各种条件摆出来分别地看，是各有不同的规律的。[34]

20 世纪 80 年代中期以后，一些语言学家把语体问题拿到方法论高度来认识。朱德熙表达得最为明确，他指出：从语料中抽绎出什么样的语法规律，跟研究者是否把语料内部的不同层次区分开有密切的关系。“书面材料驳杂不纯，包含许多不同层次的语言现象。如果不是经过严格的选择和分析，凭这样的资料得出的结果恐怕既不足以反映口语，也不能真正显示书面语的特点。”[35]“语料包含的层次越是复杂，语料内部的均匀性和一致性就越低，能够从中归纳出来的语法规律也就越概括，作为规律的约束力就越弱。”[36]此后，胡明扬也强调了语体影响语法概括的问题：“给现代汉语语法研究带来最大困难的是口语和书面语之间的差异。现代汉语这两种不同语体之间的差异反映在各个方面，在个别问题上甚至很难‘调和’，给语法学家带来几乎难以克服的重重困难。就目前的情况来看，不少人似乎还并没有充分意识到现代汉语口语和书面语之间的差异对现代汉语语法研究的严重影响。不少人不加考虑地认为，在剔除了方言成分和文言成分以后，现代汉语书面语基本上还是一个均质的系统，口语和书面语尽管有些差异，不过在语法方面的差异是细微的，至少不会影响一般的结论。可是实际情况并非如此。”[37] 应该说，基于语体区分的可操作的语法研究方法，在这些前辈语言学家的呼吁下，已经呼之欲出了。

基于此，本书对有标转折复句的使用频率考察，分口语语体、文学语体、新闻语体和科技语体四种语体分别进行，考察有标转折复句在四种语体中的分布情况，并进行对比研究，以期发现相关规律。

1.5 语料说明

本书重在考察汉语有标转折复句的语用频率，必须以真实的连续文本语料为统计对象，而且还要考虑到文本的语体差异，因为在不同语体的文本中，同一语言现象的语用频率是有差异的。承蒙华中师范大学语言研究中心姚双云教授鼎力相助，专门为本书的研究提供了一个连续文本语料库，用于现代汉语共时平面有标转折复句的统计考察。该语料库共收入了现代汉语四种语体各100万字规模的连续文本语料，共计400万字。四种语体分别是口语语体、文学语体、新闻语体和科技语体。

口语语体以北京话口语为主，包括刘恒的《贫嘴张大民的幸福生活》(人民文学出版社，2005)，电影剧本《人生》(路遥著，光明日报出版社，1984)、《编辑部的故事》(选自《王朔文集》，华艺出版社，1992) 中的人物对话部分，马三立、刘宝瑞等老先生表演的传统相声的文字整理本，还有中央电视台“对话”栏目中人物采访的记录稿。这些语料都真实地记录了北京话口语。

文学语体主要选自现当代小说作品，如王朔的《一半是火焰一半是海水》(选自《王朔文集》，华艺出版社，1992)，陆天明的《大雪无痕》(长江文艺出版社，2007)，王小波的《我的舅舅》(选自《白银时代》，花城出版社，1997)，池莉的《来来往往》(作家出版社，1999)，老舍的《骆驼祥子》(人民文学出版社，1981)，钱钟书的《围城》(人民文学出版社，1991)，茅盾的《林家铺子》(浙江人民出版社，2001) 等。

新闻语体语料来源以《人民日报》和《长江日报》(1999—2001) 为主。录入语料时，适当考虑了语料的题材和体裁的分布，既有消息类的，也有通讯类的，但以消息类的为主。

科技语体语料来源以科普著作为主。包括《大学生心理卫生与咨询》(王登峰、张伯源主编，北京大学出版社，1992)，《儿童的心理世界——论儿童的心理发展与教育》(方富熹、方格主编，北京大学出版社，1989)，《技术贸易实务》(曾鹏飞编著，冶金工业出版社，1989)，《经济学原理》[（英）马歇尔著，朱志泰译，商务印书馆，1964]，《企业环境管理》(马忠普等著，冶金工业出版社，1990)，《实用软件工程》(郑人杰著，清华大学出版社，1991)。

本书的历时研究还使用了北京大学汉语语言学研究中心汉语语料库，利用其对汉语有标转折复句进行历时考察。进行历时考察的语料分为四个时期，分别是选用“北京大学语言研究中心语料库”中的部分语料，各个时期的语料容量均为 100 万字左右。

秦汉时期：主要选择春秋战国时期的《左传》《战国策》和汉代的《史记》《风俗通义》等典籍，共计 100 万字左右。

魏晋至唐五代时期：主要以《世说新语》[（南朝）刘义庆]、《北齐书》[（唐）李百药]、《敦煌变文》(五代)、《祖堂集》(五代) 等文献作为考察语料，共计100余万字。

宋元时期：主要以《五灯会元》[（南宋）普济]、《朱子语类》（南宋）、《西厢记杂剧》[（元）王实甫]、《倩女离魂》[（元）郑光祖]、《元散曲》（元）、《勘皮靴单证二郎神》（元）、《闹樊楼多情周胜仙》（元）等文献作为考察语料，共计100余万字。

明清时期：主要以《红楼梦》[（清）曹雪芹]和《儿女英雄传》[（清）文康]为语料进行考察，总计100余万字。

现当代时期：主要选自北大语料库中部分现当代小说作品，包括《京华闻见录》等（梁晓声）、《多桅的帆船》等（刘心武）、《来来往往》（池莉）、《绿化树》等（张贤亮），共计100余万字。

1.6 本书的组织

本书主要包括八个部分。第一章和第八章分别是全书的导论和结语，第二章至第七章为全书的主体，分别从汉语有标转折复句的共时分布、历时演变、类型比较三个角度进行考察分析研究。具体如下：

第一章，导论。简要介绍本书的理论背景和研究方法，对研究选题作简要说明，对前期相关文献进行综述，介绍本书研究的主要方面以及其结构，对语料的选择和语体分类进行说明。

第二章，汉语有标转折复句的界定。主要运用邢福义的"异态"思想对转折复句进行界定；对有标转折复句和转折关联标记的范围和数量进行限定。

第三章，现代汉语有标转折复句使用频率和关联标记模式考察。主要是建设了一个包括四类语体总计400万字的分类语料库，然后分别统计各种转折复句句式在不同语体语料中的出现频率；探讨关联标记数量和分布情况与有标转折复句使用频率的关系；根据关联标记出现的位置将有标转折复句进行分类，进而探讨汉语有标转折复句的关联标记模式。

第四章，影响汉语有标转折复句使用频率的原因分析。可以简单归结为三个方面：复句关联标记的影响，包括关联标记的数量和位置的影响；复句句式构成的影响，包括小句的完整性和小句主语与关联标记语序的影响；语用认知的影响，包括语体差异的影响、关联标记双音节化、口语化的影响及心理认知的影响等。

第五章，汉语有标转折复句的历时考察。考虑到时间和精力的限制，主要分秦汉、魏晋至晚唐五代、宋元、明清、现当代等五个时期，搜集有代表性的文学作品，分别建立了各100万字的语料库，进行统计考察，进而进行比较分析，探讨汉语有标转折复句的转折关联标记和句式的历时使用情况。

第六章，汉语有标转折复句的历时变化轨迹及相关解释。通过进一步比较，探讨汉语有标转折复句的历时演变情况，并对汉语有标转折复句的历时变化进行了相关解释。

第七章，有标转折复句的跨语言比较。通过与英语、日语的有标转折复句的对比分析，对汉语有标转折复句进行类型学考察。

第八章，结语。总结全书研究的主要内容，得到的主要结论以及研究的重要意义并对研究中存在的一些问题作简要的分析，对今后的研究提出设想。

第二章 汉语有标转折复句的界定

本书研究的对象是汉语有标转折复句，是通过对有标转折复句在现代汉语共时平面四种不同语体中的语用频率进行统计，揭示语用频率的语体分布差异，进而对这种差异形成的原因进行分析，得出有关结论；根据关联标记在有标转折复句中的位置关系，对有标转折复句的关联类型进行概括分类。除了进行共时平面的考察分析之外，我们还对汉语有标转折复句进行历时平面的统计分析，揭示汉语有标转折复句在汉语不同历史时期的使用情况，进而探讨汉语有标转折复句的历时演变规律。最后，我们将汉语有标转折复句与英语、日语中的转折类复句进行跨语言比较，探讨其类型学意义。因此，在进行现代汉语有标转折复句的语用频率考察之前，要先对现代汉语有标转折复句及其范围进行界定，并确定转折关联标记的范围。

2.1 汉语有标转折复句的确定

要考察汉语有标转折复句，就得先确定有标转折复句及有标转折复句的范围，这是本研究得以进行的基点。

本书所说的有标转折复句是指分句间具有转折逻辑语义关系并用转折关联标记标明的复句。那么，何谓转折？这是研究转折有标复句必须首先要解决的关键问题。转折又称为逆接，是语言学中句子与句子之间的一种逻辑关系，即所连接的前后两句是矛盾的或是否定的关系。转折又是哲学概念，是一种特殊的因果关系。自《马氏文通》问世以来，语法学家们对“转折”的说法不一，但大体说来可分为两种[27]：一种着眼于复句中分句与分句之间的关系。这种观点以《马氏文通》为代表，马建忠把转折复句“……，然（而）……”称作“反正之句”。此后，坚持这种观点的有高名凯、黎锦熙等。高名凯的《汉语语法论》把转折复句和让步复句统称为“对抗式的并列的句子”。黎锦熙、刘世儒的《汉语语法教材》对“……，但是……”的解释是：“前后两句，语义对立，中隔连词，表示转折。”因此，这一种观点是着眼于复句分句之间“语义的对抗或对立”，认为凡是分句间具有“对抗或对立”的语义关系的复句都是转折复句。

另一种观点着眼于复句与其背景预设之间的关系。以吕叔湘的《中国文法要略》为代表，吕叔湘把转折关系归入“离合—向背”关系，从语言心理上对转折复句进行了深入的探讨，认为“凡是上下两事不谐和的，即所谓句意背戾的，都属于转折句。所说不谐和或背戾，多半是因为甲事在我们心中引起一种预期，而乙事却轶出这种预期。因此由甲事到乙事不是一贯的，其间有一转折”。也就是说，从常态关系来看，复句的前分句会引起一种心理预期，预示后分句将出现与前分句相应的结果，但后分句显示的结果却不在预期范围之内，轶出预期从而形成异态的转折关系。

此后，坚持并发挥了这一观点的有张斌、王维贤等，而邢福义既坚持了吕叔湘的观点，又对其思想有所发展，明确地提出了“异态”思想。其“异态”思想是指转折复句中第二个分句“不符合正常情况的”的异态，也就是轶出由第一个分句引起的预期那样一种异态。

郭志良（1999）认为，转折关系语段能否成立，最重要的是看前后两个语段的语义关系是否属于异态。事物间的关系不是绝对的，而是相对的。事物间的关系合乎常规或常理，就是常态；不合乎常规或常理，就是异态。一个复合关系语段，只有前后两个语段的语义关系属于异态，才能成为转折关系语段。“异态”是语义和语用的交汇点，既属于语义平面，也属于语用平面。具体地说，“常态”是指一个复合关系语段中核心语段所表示的事实跟参照语段的预期相符；“异态”则是指一个复合关系语段中核心语段所表示的事实跟参照语段的预期相反或不尽相符。一个转折关系语段是否成立，关键是看主要语段是否轶出对照语段的预期。那么，事物间的关系是否合乎常规或常理是客观标准还是主观标准？应该说，这既是客观标准，也是主观标准，但说到底还是主观标准，因为即使是客观标准，也要说话人主观上认定。事物间的关系是否合乎常规或常理，关键在于说话人的主观看法。[5] 从语用上说，一切转折都是说话人心理上的转折。

就上面两种观点比较而言，第二种观点即轶出预期的“异态”观点更为合理，因为用第一种观点来判断什么是转折复句，没有一个很严格的标准。何谓“分句间语义的对抗或对立”？不同的人理解不一样，有时范围过宽，有时范围过窄，无法准确判断。例如“他长得高，我长得矮。”“东边日出西边雨。”这两个句子分句间的语义关系都是相反对立的，但是大多数语法学家都不把它们视为转折关系而视为并列关系。而用第二种观点来判断什么是转折复句，则能涵盖所有的转折复句，因为第二个分句是否轶出预期，完全可以通过分句间的语义逻辑关系推理出来，因而是确定的。同样是这两个例句，从第二种观点来看，“他长得高”和“我长得矮”之间，“东边日出”和“西边雨”之间根本没有必然的逻辑联系，从“他长得高”不能推出“我长得高还是矮”，从“东边日出”也不能推出“西边是晴还是雨”。也就是说，这两个复句的前分句都没有引起“预期”的功能，后分句虽然在语意上与前分句相反相对，但是并不存在轶出预期的可能，因而也就没有转折关系。

除此之外，转折关系复句成立的另一个关键条件是，转折复句前后两个分句必须有一个分句成为语义重心。何谓语义重心呢？语义重心也就是表意重点。那么转折复句的语义重心在哪个分句上呢？胡裕树（1979）认为，转折复句属于偏正复句，一般来说是前偏后正，语义重心在正句。他说：“尽管承认偏句所陈述的事实，但表意的重心总是放在正句上。”[16]这是一种观点。黎锦熙（1924）则认为转折复句属于并列复句，无语义重心。朱光华（1988）认为转折复句的语义重心是不定的，视语境而定。虽然对转折复句语义重心的看法存在分歧，但是大部分语法学家同意胡裕树的观点。刘永红（2003）对转折复句的语义重心进行了逻辑语义分析，确认转折复句的语义重心在后分句上。把正常语序的转折关系复句的前分句称为参照小句，后分句称为核心小句，表达语义重心的核心小句是否轶出参照小句的预期，决定了转折关系复句是否成立。

因此，转折关系复句就是这样一个复合关系语句：该复合关系语句前后两个小句中视为语义重心的核心小句所表示的意思与其参照小句的预期相反或基本相反，成为异态。有标转折复句就是用转折关联标记明确标示了这种异态关系的复合关系语句。

2.2 汉语有标转折复句的范围

对于现代汉语有标转折复句的范围，语法学家们有许多不同的观点，本书采用邢福义（2001）的观点，他认为“排除是否存在让步、假转的差异，甲乙两事之间只要有所逆转，都属于转折关系”[38]。因此一般意义上所说的转折复句、让步复句和假转复句，都属于广义的转折关系复句。

2.2.1 汉语有标转折复句的语义关系类别

根据复句间的逻辑语义关系，可以把汉语有标转折复句分为突转类复句、让转类复句、假转类复句三个小类，简称为突转句、让转句、假转句。

突转类复句是表示突然转折的复句。语表形式上，该复句前分句没有预示转折的标志，后分句用以“但是”为代表的转折关联标记标明转折关系。其典型句式为“……，但(是) ……”。因为复句前分句没有其他关联标记预示后分句会有转折出现，后分句中的转折关联标记就显得很突兀，转折语义出现得很突然，出人“意料之外”，因此称为突转句。根据转折关联标记的不同，突转类复句的转折意味有轻重之别。当用“但是”“可是”“然而”等关联标记时，转折意味较重，称为重转；当用“不过”“只是”“就是”来标记时，转折意味较轻，称为轻转。

让转类复句是先让步后转折的复句，通常简称让步句。实际上，包含让步关联标记的复合关系语句中已经蕴含了转折关系，而且重点在转折关系，因此，我们认为“让转句”才能显示这种复句的真正内涵。语表形式上，让转类复句一般是前分句用让步关联标记，预示后分句将有转折，后分句则用转折关联标记承前转折，形成先让后转的语义关系。典型的代表句式是“虽然……，但(是)……”和“即使……，也……”。让转类复句成立的关键，是前分句用让步关联标记“虽然”“即使”等。由于前分句中的让步关联标记已经预示后面将有转折，因而后分句即使不出现转折关联标记，也不影响让转句的成立。因此，让转句是有所预示的转折复句，转折语义出现得不突然，在“意料之内”。但是如果前分句不出现让步关联标记，则不可能构成让转类复句，只能成为突转类复句。

根据其内部的语义关系，让转句又可分为实让句、虚让句、总让句和忍让句四类。

实让句是对事实的让步，是一种容认性让转句。这种让转句在前分句承认甲事的存在，却不承认甲事对后分句乙事的影响。它故意借甲事来从相反的方向引出乙事，使乙事特别突出，引人注意。其基本语表形式是由让步转折标记“虽然……，但是……”标示。其他让步关联标记包括“虽、尽管、虽说、虽然说”等。

虚让句是对虚拟情况的让步，是一种虚拟性让转句。同实让句一样，虚让也是故意从相反的方向借前分句中的甲事来引出后分句中的乙事，强调乙事不受甲事的影响。不同的是：如果不是特殊情况，实让句前分句所陈述的甲事是事实，虚让句前分句所陈述的甲事是假设的情况。其基本语表形式是有让步标记出现，典型的如“即使……，也……”，其他让步标记还有“哪怕、就算、纵然、纵使”等。

总让句是对各种条件的总体性让步，是一种无条件让转句。总让句的特征在统统认可、统统排除，强调某种结果的出现不受所涉及的任何条件的规约。前分句所说的事可以是事实，也可以是虚拟的，但后分句都不受其影响。其基本语表形式是由让步转折标记“无论……，都……”标示。其他让步标记还有“不论、不管、别管”等。

忍让句是强制自己有所忍受的让步，是一种忍让性让转句。这类复句的前分句先让步，表示有所抉择并有所忍让，然后反转过来表明决心所要达到的目的。其前分句所表示的抉择并非乐意为之，但两害相权取其轻，出于不得已而为之。忍让句重在心理上、意志上的抉择，最能反映说话者抉择的决心。前分句所忍让的事可以是事实，也可以是虚拟的，但后分句都不受其影响，从而显示说话者忍让的决心。其基本语表形式是由让步转折标记“宁可……，也……”标示，其他让步标记还有“宁、宁肯、宁愿”等。

假转类复句是指前、后分句间具有假言否定性转折关系的转折句，它在前分句中先指明甲事，接着在后分句中指出如果不这样就会成为乙事。其基本语表形式是由假转标记“……，否则……”标示。在假转类复句里，“否则”是假转标记，表示“如果不这这样就……”的意思，是个假言否定性的逆转词。其他假转类标记还有“不然、要不然、要不”等。

以上几类有标转折复句都是本书要考察的对象。

2.2.2 有标转折复句的非关系分类

从复句的非关系分类来看，根据组织层次的不同，复句可以划分为单重复句和多重复句；根据分句与分句间隔情况的不同，复句可以划分为有间复句和紧缩复句；根据句末语气的类型，复句又可以分为陈述性复句和非陈述性复句。非陈述性复句包括问话性复句、祈使性复句和感叹性复句。[38] 汉语有标转折复句同样包含这些非关系分类形式，本书在进行统计考察时，对有标转折复句的这些非关系分类形式，基本不作区分，只要有转折关联标记、让步关联标记或者假转关联标记出现，而且前、后分句之间有轶出常态的逻辑语义关系的复合关系语句，都在统计考察范围之内。

2.3 关于转折关联标记

转折关系复句的组合手段主要有两种：一种是意合法，一种是形合法。意合法组成的转折关系复句，无形式标记或者无专门的形式标记；形合法组成的转折关系复句有专职的形式标记。专职的形式标记有助于人们的判断，听话人或读者一听到或看到形式标记马上就会意识到它所关联的复句是何种关系的复句。而且，复句关联标记有助于标明特定逻辑语义关系的复句。邢福义（2001）指出，复句关联标记有显示、选示、转化、强化作用，最后达到标明复句关系的结果。因此，转折关联标记的研究在本书中具有非常重要的作用，转折关联标记的确定，是本研究得以进行的基础工作。

2.3.1 转折关联标记术语的界定

转折关联标记是指转折复句中用来联结分句并标明转折语义关系的形式标记。关联标记既是复句句式中重要的句法标记，又是重要的语义关联标记，其主要功能是将具有逻辑语义关系的分句联结起来，表达较为复杂的逻辑语义关系。对于形态不丰富的汉语来说，发掘和整理这些可被计算机利用的形式标记就显得非常重要。在前辈的研究中，这种表达复句语义关系的形式标记有多种称呼术语，如黎锦熙（1924）的“关系词”、王力（1943）的“联结词”、朱德熙（1982）的“关联词语”、邢福义（1985）的“关系词”、廖秋忠（1986）的“连接成分”、王国文（1988）的“逻辑联系语”等[3]。这些概念都有一定的合理性，但也有一定的局限性。

本书沿用邢福义的“关联标记”的概念。邢福义在《〈红楼梦〉中的“因p，因q”》（1993）一文里使用了“关联标记”的概念。邢福义在专著《汉语复句研究》（2001）中也多次使用“标记”“无标”“有标”“空标”等概念或类似的概念。与其他的术语相比，“关联标记”的提法比较合理。“关联标记”的说法涵盖范围广，更具有灵活性。

在汉语复句研究中使用“关联标记”概念具有两个明显优点[3]：

其一，使用“关联标记”不会与现有的“词”的概念混淆。“关联标记”就是标示成分之间的逻辑语义关系的形式标记。通常情况下，使用“关联词”或类似的说法容易与“词”的概念混淆，容易将“关联词”与某一个词类混同。实际上复句关联词不等同于词，也不等同于语，汉语的词类体系中也没有“关联词”的地位。因此使用“关联词”容易与词类混淆，在概念上纠缠不清。许多情况下，为了表述的严谨，需要花费很多的精力来解释“关联词”与“词”的区别。如果使用“关联标记”就不会有这方面的困扰了。邢福义（2002）指出，大体上说，关联标记可以分为四种，即句间连词、关联副词、助词和超词形式。

其二，使用“关联标记”可以扩大研究的范围。通常情况下，“关联词”主要针对意义较虚的词来说的，很少涉及意义实在的词或者短语，因此，“关联词”一类的说法就成了句间连词的代名词，这样一来，研究范围会相对狭窄。实际上，一些实词以及句法功能与实词相当的短语在句子中可以作为分句的句法与语义关系的标志，如表示并列关系的短语性标记“也就是说”。

有了转折关联标记的帮助，可以使有标转折复句的使用频率研究变得简单易行，通过计算机统计出有标转折复句的形式标记的出现频率，然后经过人工干预，滤掉其中的非转折复句用例就可以了。

2.3.2 本书所用的转折关联标记及其分类

转折关联标记是在转折复句中用来联结分句并标明转折语义关系的形式标记。这种转折关联标记包括连词、副词、短语甚至是句子语气，其中前三者是有形的音节实体，句子语气则是无形的非音节实体。它们在具体的句子中都有助于转折有标复句的形成，对转折复句的逻辑语义关系具有“显示、转化、强化”的作用。本书中所涉及的有形的音节实体转折关联标记有以下三类，共计 80 个，加上无形的非音节实体句子语气，共计 81 个。

(1) 转折关联标记 (24 个)

不过、不料、但、但是、而、还、还是、就是、可、可是、却、然、然而、谁知道、唯独、惟独、无奈、也、又、怎奈、只是、只不过、可惜、只可惜。

(2) 让步关联标记 (51 个)

甭管、便(……便……也)、别管、别看、不管、甭说、别说、不论、不问、诚然、固、固然、管、即、即便、即便是、即或、即令、即使、尽管、就 (就……也)、就令、就是 (就是……也)、就算、就算是、哪怕、宁 (宁……也)、宁可 (宁可……也)、宁肯 (宁肯……也)、宁愿 (宁愿……也)、任、任凭、虽、虽然、虽然说、虽说、虽说是、虽则、随、随便、无论、也、总、总归、总是、纵、纵或、纵令、纵然、纵使、再 (再……也)。

(3) 假转关联标记 (5 个)

除非、不然、否则、要不、要不然。

2.3.3 转折关联标记的标记类型

根据转折关联标记在具体句式中出现的数量，我们将转折关联标记的标记类型分为单标式、配套式和多标式三种基本类型。

单标式是指有标转折复句中只出现一个关联标记，不论这个标记是转折标记还是让步标记，也不论这个标记是出现在复句前分句还是后分句，也不论这个关联标记的词性是转折连词还是转折副词，只要能够显示复句的转折语义关系即可。从语义关系来看，可以是单标突转式，如“……，但(是)……”；也可以是单标让转式，如“虽(然)……，……”；还可以是单标假转式，如“……，否则……”。

配套式是指让步关联标记和转折关联标记的前后配套使用，表示先让步后转折的重转语义关系。如表实让的“虽然……，但(是)……”，表虚让的“即使……，也……”。

多标式主要是指复句前分句中的让步标记可出现也可不出现，但是后分句中必须有多个转折关联标记共现，多个转折关联标记可以接连出现也可以分散出现。如“(虽然)……，但是……却……”。

第三章　现代汉语有标转折复句使用频率和关联标记模式考察

本章是在共时平面的统计中考察现代汉语有标转折复句的使用频率。考察分四种语体进行，分别是口语语体、文学语体、新闻语体和科技语体，以期发现语体差异对汉语有标转折复句使用频率的影响。为此，本书专门建设了一个包括四种语体语料各100万字的分类语料库，然后以转折关联标记为关键词利用计算机进行搜索，得到包括该关键词的所有句子，并对这些句子进行人工甄别，去掉不符合要求的句子，最后得到一个个转折复句句式的语用频率。由于统计过程中要进行人工干预，因此本书所得到的数据不可能保证百分百的准确，但我们还是尽量保证统计的准确性，较为客观地反映有标转折复句的语用情况。

3.1 现代汉语有标转折复句的使用频率统计

本书在进行统计时，我们没有先入为主，没有主观确定具体的复句句式，而是根据上文确定的80个转折关联标记，以及这些转折标记在实际语料中的搭配组合情况，来确定具体的复句句式，一个个统计它们在语料中的使用频率。在统计过程中发现，相同的转折关联标记在复句中出现的位置不同，其所表达的逻辑语义关系也不同，所形成的复句句式的使用频率有很大的差异。因此我们把它们看作不同的句式，如“但”和“却”共现时，形成多标相连式“……，但却……”句式，仅出现33次；形成的多标分散式“……，但……却……”句式出现127次。又如“别说”出现在复句前分句的“别说……，……”句式出现29次；出现在复句后分句的“……，别说……”句式仅出现7次。观察具体的用例中发现，这种由相同的关联标记构成的不同句式语义基本相同，但是在语用上明显有很大的差别，有不同的语用价值。

构式语法（construction grammar）在论及语言组织的普遍心理原则时，提出了“无同义原则”。该原则指出“如果两个构式在句法上不同，那么它们在语义或语用上也必定不同。构式的语用方面含有信息结构的细节，包括话题和焦点以及构式的文体特点，如语域”。并且据此得出了两个推论：“推论A：如果两个构式在句法上不同但在语义上相同，那么它们在语用上必定不同。推论B：如果两个构式在句法上不同但在语用上相同，那么它们在语义上必定不同。”[39] 也就是说，句法结构上的差异必然带来语义或语用方面的差异，因此，同一个转折关联标记出现的句法位置不同也被看成是不同的句式。

在共时平面的统计中，本书确定的有标转折复句句式共有203种，共计出现9 004次（详细统计数据见表3-1）。这些复句句式之间的使用频率有很大的差异，使用频率最高的是单标突转类句式

“……，但……”，在四类语体400万字的语料中共出现1 639次，单标突转类句式“……，但是……”，出现867次；但有相当一部分句式的使用频率很低，在四类语体语料中才出现1次，如多标突转类句式“……，却不料……”“……，然而却……”等32种。这种低频率的原因可能与语料库的大小有关。如果扩大语料库的容量，各种句式的语用频率必定会相应提高，而且还可能增加许多新的句式。

下面从句式、标记和语体三个类型方面进行统计分析。

根据邢福义（2001）关于汉语复句分类的观点，本书将现代汉语有标转折复句分为突转类、让转类和假转类三种。根据统计发现，三种不同类型转折复句的分布有很大的差别，结果见表3-1。

表3-1　现代汉语有标转折复句句式类型使用频率分布表

<table>
<tr><th>句式类型</th><th>标记类型</th><th>口语语体</th><th>文学语体</th><th>新闻语体</th><th>科技语体</th><th colspan="3">合计</th></tr>
<tr><td rowspan="3">突转类</td><td>单标式</td><td>1 777</td><td>2 076</td><td>943</td><td>1 253</td><td>6 049</td><td rowspan="3">(50)
6 487
72%</td><td rowspan="9">(203)
9 004
100%</td></tr>
<tr><td>配套式</td><td></td><td></td><td></td><td></td><td></td></tr>
<tr><td>多标式</td><td>35</td><td>70</td><td>84</td><td>249</td><td>438</td></tr>
<tr><td rowspan="3">让转类</td><td>单标式</td><td>284</td><td>414</td><td>78</td><td>96</td><td>872</td><td rowspan="3">(141)
2 248
25%</td></tr>
<tr><td>配套式</td><td>206</td><td>434</td><td>285</td><td>365</td><td>1 290</td></tr>
<tr><td>多标式</td><td>9</td><td>5</td><td>8</td><td>64</td><td>86</td></tr>
<tr><td rowspan="3">假转类</td><td>单标式</td><td>74</td><td>86</td><td>26</td><td>77</td><td>263</td><td rowspan="3">(12)
269
3%</td></tr>
<tr><td>配套式</td><td></td><td>3</td><td>3</td><td></td><td>6</td></tr>
<tr><td>多标式</td><td></td><td></td><td></td><td></td><td></td></tr>
</table>

3.1.1 有标转折复句句式类型及使用频率统计

3.1.1.1 突转类复句及使用频率

本书统计到的突转类复句句式共有50种，在四种语体语料中共计出现6 487次，占总语用频率的72%。突转类复句是现代汉语有标转折复句中使用频率最高的，是现代汉语有标转折复句中的主体。其中使用频率最高的是单标突转类，达6 049次，占总使用频率的67%。在使用频率超过100次的14种复句句式中，有11种是突转类复句，它们分别是:“……，但……”1 639次，“……，但是……”867次，“……，而……”702次，“……，可是……”550次，“……，却……”537次，“……，只是……”290次，“……，还……”288次，“……，可……”278次，“……，也……”257次，“……，又……”216次，“……，不过……”170次，“……，不管……”135次，“……，但……却……”127次。(具体见书中的统计表)

3.1.1.2 让转类复句及使用频率

本书统计到的让转类复句句式共有141种，共计出现2 248次，占25%。让转类复句是现代汉语有标转折复句中句式数量最多最为复杂的一类。与突转类复句相比，让转类复句句式多样，既有单标式的，也有多标配套式的，但其主体是配套式的，共有71种句式，使用频率1 290次，占总次数的57%。让转类复句显示了现代汉语语用表达的丰富多彩。

3.1.1.3 假转类复句及使用频率

假转类复句是现代汉语有标转折复句中句式最少、使用频率最低的一类复句。在统计中共出现假转句式12种，出现频率269次，占3%。出现频率最高的假转句式是“……，否则……”，出现154次。假转复句主要是单标式和配套式。

现各举一例进行比较。

(1) 他的老师是个发表过几篇小小说，但还没有被公认为是作家的人。(梁晓声:《表弟》)

(2) 其实，我虽然对大家有一种特殊的感情，但却不是自愿来第四次谈"文学和人生"的。(梁晓声:《表弟》)

(3) 我说："她也很高兴见到你啊，否则早就走了，不等在我家里了。"(梁晓声:《感觉日本》)

以上三例均选自梁晓声的作品。例(1)是典型的单标突转句，前分句说"他的老师是发表过几篇小小说"，就会引起听话者"他的老师可能是一位作家"的正向心理预期，这符合人们的"完形"心理。但是后分句揭示的事实却与人们的正向心理预期相反，"但还没有被公认为是作家"。后分句的转折关联标记"但"揭示出了这一突然逆转的事实，逆预期构成突转复句。例(2)是典型的让转句，前分句坦承"我对大家有一种特殊的感情"，必然会在听话者心里引起"特殊关系特殊行为"的正向心理预期，但是"虽然"这一让步转折标记又否认了这一层意思，预示后句会有逆心理预期的事实："不是自愿来第四次谈'文学和人生'的"，并用多标相连式转折关联标记"但却"来标明这一让转逻辑语义关系。例(3)是典型的假转句，前分句表明事实"她也很高兴见到你"，引起听话者的正向心理预期"她会等着见面"，让后用假转关联标记"否则"进一步强调，如果不是这样，她"早就走了，不等在我家里了"。这里实际是用一个假设的逆预期现象来强调正面的事实。

因此，从复句句式类型的角度来看，现代汉语有标转折复句体系中，突转类复句是主体，语用频率最高，占72%；其次是让转类复句，语用频率次之，占25%，但句式数量最多，占总句式数的69%；假转类复句的句式数和语用频率都是最低的。从句式来看，现代汉语有标转折复句使用频率的强度序列为：

实转类复句＞让转类复句＞假转类复句

（注：符号“＞”意为前面强于后面，下同。）

3.1.2 有标转折复句标记数量类型及使用频率统计

在具体的复句句式中，关联标记的数量的多少肯定会对复句逻辑语义关系的表达有影响。根据有标转折复句中关联标记的数量，我们将现代汉语有标转折复句分为“单标式”“配套式”“多标式”三种类型，来考察关联标记数量与有标转折复句使用频率之间的关系。

单标式复句是指复句中只出现一个关联标记的有标转折复句。这个关联标记可以是转折关联标记，也可以是让步关联标记，当然大部分是转折关联标记。这个关联标记可以位于复句的前分句，也可以位于复句的后分句，其关键是能标明复句的转折关系。其代表句式是“……，但……”。

配套式复句是指复句中出现两个标记配套使用的有标转折复句。一般来说，配套式复句中的两个关联标记是让步标记和转折标记，它们分别出现在前、后分句中呼应使用，其代表句式是“虽然……，但……”。

多标式复句是指复句后分句中出现多个转折关联标记的有标转折复句。多标式复句中的多个标记可以是转折关联标记的连用，也可以是让步关联标记与多个转折关联标记配套使用。其代表句式是“虽然……，但……却……”。

考察发现，三种不同数量标记类型的复句句式及其使用频率有很大的差别，如表 3-2 所示。

表 3-2　现代汉语有标转折复句不同数量标记句式及其使用频率表

<table>
<tr><th rowspan="2">复句类型</th><th rowspan="2">复句格式</th><th rowspan="2">口语语体</th><th rowspan="2">文学语体</th><th rowspan="2">新闻语体</th><th rowspan="2">科技语体</th><th colspan="3">合计（句式数 / 次数）</th></tr>
<tr><th>单标式</th><th>配套式</th><th>多标式</th></tr>
<tr><td rowspan="3">突转类</td><td>单标式</td><td>1777</td><td>2076</td><td>943</td><td>1253</td><td>6 049</td><td></td><td></td></tr>
<tr><td>配套式</td><td></td><td></td><td></td><td></td><td></td><td></td><td></td></tr>
<tr><td>多标式</td><td>35</td><td>70</td><td>84</td><td>249</td><td></td><td></td><td>438</td></tr>
<tr><td rowspan="3">让转类</td><td>单标式</td><td>284</td><td>414</td><td>78</td><td>96</td><td>872</td><td></td><td></td></tr>
<tr><td>配套式</td><td>206</td><td>434</td><td>285</td><td>365</td><td></td><td>1 290</td><td></td></tr>
<tr><td>多标式</td><td>9</td><td>5</td><td>8</td><td>64</td><td></td><td></td><td>86</td></tr>
<tr><td rowspan="3">假转类</td><td>单标式</td><td>74</td><td>86</td><td>26</td><td>77</td><td>263</td><td></td><td></td></tr>
<tr><td>配套式</td><td></td><td>3</td><td>3</td><td></td><td></td><td>6</td><td></td></tr>
<tr><td>多标式</td><td></td><td></td><td></td><td></td><td></td><td></td><td></td></tr>
<tr><td rowspan="3">合计（百分比）</td><td></td><td></td><td></td><td></td><td></td><td>80/7 184</td><td>74/1 296</td><td>49/524</td></tr>
<tr><td></td><td></td><td></td><td></td><td></td><td>80%</td><td>14%</td><td>6%</td></tr>
<tr><td></td><td></td><td></td><td></td><td></td><td colspan="3">（203）9 004（100%）</td></tr>
</table>

3.1.2.1 单标式复句及使用频率

从表 3-2 可以看出，大部分的突转类和假转类复句是单标式的，在本书统计的 203 种复句中，有单标式复句 80 种，总计出现 7 184 次，占总次数的 80%。由此可见，从标记数量的角度来看，现代汉语有标转折复句的主体是单标式复句。单标式复句中的转折标记大多出现在后分句的句首部分，位于整个复句的中间位置，姑且称为“单标居中式”，突转类和假转类复句基本如此，如

“……，但是……”“……，否则……”；少部分出现在前分句的句首部分，称为“单标居前式”，主要是只出现让步关联标记的让转类复句。如“虽然……，……”“即使……，……”。

3.1.2.2 配套式复句及使用频率

在本书统计的203种复句中，配套式有74种，出现总计1 296次，占总次数的14%。配套式主要是让转类复句，突转类复句中没有配套式复句，假转类复句也仅有几例配套式复句，因为让转类复句一般是前分句先用让步标记表示承让，然后在后分句用转折标记表示转折，因此形成了“虽然……，但……”“即使……，也……”这样的配套句式。但也有少部分让转句只在前分句出现让步标记，转折标记不出现，因为当前分句出现让步标记时，已经预示蕴含了后分句的转折关系。如“虽然……，……”“尽管……,……”等。但这样一来，配套式复句就变成单标式复句了。

3.1.2.3 多标式复句及使用频率

多标式复句与配套式复句中都有多个标记，其区别在于：配套式复句中的两个关联标记一般是让步关联标记和转折关联标记，而且分别出现在前、后分句中呼应使用，将两个分句配套关联起来，前者承让后者转折，表达出较为简明的逻辑语义关系；而多标式中的关联标记一般是三个，很少见到四个及以上的，如“虽然……，但是……却……”“别说……，就是……也……”，前分句出现让步标记，后分句出现两个转折标记，共同表达较为复杂的逻辑语义关系。多标式复句有时候也只出现两个标记，但两个标记不是分别居于前、后分句，而是同时出现于后分句中，在转折的基础上再进一步表示转折，如“……，但是……却……”“……，就是……也……”，前分句中的让步标记可以不出现，只出现后分句中的多个转折标记。多标式是现代汉语有标转折复句中句式最少、使用频率较低的一类复句。

我们以转折关联标记“但”为核心标记，各举一例单标式、配套式和多标式转折复句进行分析。

(4) 他们高矮肥瘦各不相同，但都是一副垂头丧气的嘴脸。(张贤亮：《习惯死亡》)

(5) 他虽然吃了憋，但脸上仍是一派死里逃生的喜悦。(张贤亮：《习惯死亡》)

(6) 母亲虽然是普通家庭妇女，目不识丁，但却很重视对我们的家教。(梁晓声：《京华闻见录》)

(7) 日本的国家经济的一翼，虽足以与美国匹比，但国际政治的一翼，却退化得极其短小。(梁晓声《感觉日本》)

例(4)是单标式转折复句，前分句“他们高矮肥瘦各不相同”，引起的预期应该是“他们应有各不相同的表现”，后分句用一个转折关联标记“但”揭示出逆预期的事实：“都是一副垂头丧气的嘴脸”。这是前分句没有预递词的突然转折，出乎意料之外，转折意味强。例(5)前分句用预递词“虽然”显示“他吃了憋”，同时预示后分句会有逆预期“不高兴或者不开心”之类的表现，事实是“脸上仍是一派死里逃生的喜悦”，并用承递词“但”明示这一事实。这种转折复句一般用成套的关联标记“虽然……，但”“即使……，也”前让后转，前递后承，配套使用，逻辑语义表达非常明确，转折关系尽在意料之内，转折意味中等。例(6)(7)都是多标式转折复句，其中例(6)后分句的两个转折关联标记“但”“却”紧挨在一起，称为“多标相连式”，例(7)后分句的两个转折关联标记“但”“却”没有挨在一起，称为“多标分散式”。二者在复句逻辑语义的表达方面是有差异的，这在后文中再讨论。例(6)前分句用让步关联标记“虽然”显示“母亲是普通家庭妇女，目不识丁”，同时预示后分句会有逆预期“母亲没知识没文化，家教无方”的情况出现，事实是“很重视对我们的家教”，而且用了两个相连转折关联标记“但”“却”来强化这一逆预期的事实，表达出对“母亲”的赞美之情。例(7)前分句是说“日本的国家经济的一翼，足以与美国匹比”，引起的预期是“日本国的其他方面，应该也不差”。但是前分句用了让步关联标记“虽”承让，姑且承认这一点优势，同时预示后分句将有逆预期的情况出现，后分句显示的事实是“(日本)国际政治的一翼，却退化得极其短小”，并且先用转折关联标记“但”标明逆转的对象是“国际政治一翼”，然后用转折关联标记“却”标明转折点“退化得极其短小”。这里的“却”不仅有标明逆预期的作用，而且有强调的作用。

因此，从关联标记数量多少的角度来看，汉语有标转折复句的主体是单标式复句，句式数为80种，语用频率为7 184次，占总频率的80%；其次是配套式复句，句式数为74种，语用频率为1 296次，占14%；句式数和语用频率最少的是多标式复句，出现句式49种，语用频率524次，仅占6%。从关联标记数量来看，现代汉语有标转折复句使用频率的强度序列为：

单标式复句＞配套式复句＞多标式复句

由此也可以看出，汉语有标转折复句的语用频率与复句句式的关联标记数量成反比关系：关联标记越少的转折复句句式语用频率越高，关联标记越多的转折复句句式语用频率越低。这在一定程度上体现了语用的经济原则：人们倾向于用尽可能少的符号表达尽可能多的信息。因此能用单标式复句表达清楚的就绝不用配套式或者多标式复句表达。

3.1.3 有标转折复句语体分布差异及使用频率统计

本书中，主要考察了现代汉语有标转折复句在口语语体、文学语体、新闻语体和科技语体等四类语体语料中的使用情况。统计结果表明，现代汉语有标转折复句在四类语体中的使用句式和使用频率上均有一定的差异。其具体表现在以下几个方面。

3.1.3.1 有标转折复句标记数量类型的语体分布差异

现代汉语有标转折复句根据其关联标记出现的数量，可以分为单标式、配套式和多标式。统计结果表明，它们在四类语体中的使用句式有一定的差异，统计结果见表3-3。

从表3-3可以看出，在总计203种复句句式中，首先是文学语体，共出现124种，是四类语体中出现复句句式最多的一类，其中单标式68种，配套式44种，多标式12种，共计出现3 088次，占总次数的34%；其次是口语语体，共出现句式117种，其中单标式57种，配套式43种，多标式17种，共计出现2 387次，占27%；再次是科技语体，出现句式87种，其中单标式25种，配套式23种，多标式39种，共计出现2 104次，占23%；出现句式最少的是新闻语体，出现句式84种，其中单标式34种，配套式37种，多标式 13 种，共计出现 1 427 次，占 16%。可见，现代汉语有标转折复句在四类语体中的使用句式和使用频率是成正比的：使用的句式多，相应使用的频率也高；出现的句式少，使用的频率也低。

表 3–3　现代汉语有标转折复句标记数量类型的语体分布差异

复句类型	复句格式	口语语体 次数 / 句式数	文学语体 次数 / 句式数	新闻语体 次数 / 句式数	科技语体 次数 / 句式数
突转类（50）	单标式（21）	1 777（18）	2 076（18）	943（12）	1 253（14）
	配套式				
	多标式（29）	35（10）	70（11）	84（8）	249（25）
让转类（141）	单标式（49）	284（30）	414（42）	78（18）	96（8）
	配套式（72）	206（43）	434（43）	285（35）	365（23）
	多标式（20）	9（7）	5（1）	8（5）	64（14）
假转类（12）	单标式（10）	74（9）	86（8）	26（4）	77（3）
	配套式（2）		3（1）	3（2）	
	多标式				
合计（百分比）	单标式（80）	2 135（57）	2 576（68）	1 047（34）	1 426（25）
	配套式（74）	208（43）	437（44）	288（37）	365（23）
	多标式（49）	44（17）	75（12）	92（13）	313（39）
	总计	2 387（117） 27%	3 088（124） 34%	1 427（84） 16%	2 104（87） 23%
	9 004（203）				

从统计表 3-3 中也可以看出，单标式复句在口语语体和文学语体中出现最多，在共计 80 种单标式复句中，口语语体和文学语体中分别出现 57 种和 68 种，而在新闻语体和科技语体中则分别为 34 种和 25 种，前两者分别约是后两者的 2 倍。配套式复句在四种语体中出现数量比较均衡，只有科技语体稍低（23 种）。多标

式复句在科技语体中出现最多，有39种，相当于其他三类语体中出现的多标式复句句式之和。而多标式在科技语体中的使用次数（313次）远远高于其他三类语体之和（211次）。由此可见，口语及文学语体倾向于使用单标式复句，可以简单明了地表情达意；科技语体倾向于使用多标式复句，这是与科技语体长于逻辑推理、表达较为复杂的思想分不开的。

3.1.3.2 有标转折复句不同句式的语体分布情况

根据逻辑语义关系，本书将现代汉语有标转折复句分为突转类、让转类和假转类三种类型。在本书的语料统计中，三种类型有标转折复句出现的具体句式分别为突转类50种、让转类141种、假转类12种，但在四种语体语料中的分布有一定的差异。从表3-4中可以看出，口语语体中，突转类句式出现28种，使用次数1 812次，占口语语体次数的76%；让转类句式出现80种，使用次数499次，占21%；假转类句式出现9种，使用次数74次，占3%。

文学语体中，突转类句式出现29种，使用次数2 146次，占69%；让转类句式出现86种，使用次数853次，占28%；假转类句式出现9种，使用次数89次，占3%。

新闻语体中，突转类句式出现20种，使用次数1 027次，占新闻语体次数的72%；让转类句式出现58种，使用次数371次，占26%；假转类句式出现6种，使用次数29次，占2%。

科技语体中，突转类句式出现39种，使用次数1 502次，占科技语体次数的71%；让转类句式出现45种，使用次数525次，占25%；假转类句式出现3种，使用次数77次，占4%。

表 3-4　现代汉语有标转折复句不同句式的语体分布情况

复句类型	复句格式	口语语体 次数 / 句式数	文学语体 次数 / 句式数	新闻语体 次数 / 句式数	科技语体 次数 / 句式数
突转类(50)	单标式(21)	1 777（18）	2 076（18）	943（12）	1 253（14）
	配套式				
	多标式(29)	35（10）	70（11）	84（8）	249（25）
	小计	1 812（28） 76%	2 146（29） 69%	1 027（20） 72%	1 502（39） 71%
让转类(141)	单标式(49)	284（30）	414（42）	78（18）	96（8）
	配套式(72)	206（43）	434（43）	285（35）	365（23）
	多标式(20)	9（7）	5（1）	8（5）	64（14）
	小计	499（80） 21%	853（86） 28%	371（58） 26%	525（45） 25%
假转类(12)	单标式(10)	74（9）	86（8）	26（4）	77（3）
	配套式（2）		3（1）	3（2）	
	多标式				
	小计	74（9） 3%	89（9） 3%	29（6） 2%	77（3） 4%
总计		2 387（117）	3 088（124）	1 427（84）	2 104（87）
		9 004（203）			

从以上统计可以看出，突转类、让转类和假转类复句在四种语体中出现的具体句式有一定的差异，但使用的频率基本一致，大致为 72%∶25%∶3%，并没有明显的差别。在四种语体中，出现的句式数量从多到少依次是：

让转类（141）＞突转类（50）＞假转类（12）

从使用频率来看则依次是：

突转类（72%）＞让转类（25%）＞假转类（3%）

可见，让转类转折复句句式数量最多，使用频率次之；突转类转折复句使用频率最高，句式数量次之；而假转类转折复句句式无论是使用数量还是使用频率都是最低的。

3.2 现代汉语有标转折复句的关联标记模式

从关联标记的角度看，现代汉语复句可以分为有标复句和无标复句两大类。根据关联标记出现的数量，有标复句又可以分为单标复句和复标复句；根据多个标记之间是否有对应配套关系，复标复句又可以分为配套标记复句和多标记复句。储泽祥（2005）认为，汉语“有标复句的标记已基本描写清楚，但汉语复句的标记类型却缺乏系统的、专门的研究”。在开展汉语复句标记的类型学研究中，他认为“在类型学背景下观察汉语的复句标记，无论对汉语特点的发掘，还是对复句关系的计算机自动识别，乃至对外汉语教学，都有十分重要的意义”。[40]

正是基于此，本部分试图探讨现代汉语有标转折复句的关联标记模式。储泽祥（2008）将汉语、英语、日语进行比较后认为，复句标记的类型可以分为“配套前置型、单一前置型和单一后置型”三种，而且认为“汉语复句标记的配套倾向十分明显，属于配套前置型”。储泽祥的结论对本书的研究很有启发意义，根据关联标记在复句中出现的位置，本书将现代汉语有标转折复句的关联标记模式分为三种类型，分别是居中黏结式、前后配套式和居端依赖式。[41]

这三种关联标记模式与前文所说的单标式、配套式和多标式有很强的对应关系。简单地说，居中黏结式包括了突转类复句中的单标式和多标式复句；还包括让转类复句中的让步关联标记居于后分句句首的单标式复句；还包括假转类复句中除了关联标记居于前分句句首位置的单标式复句。前后配套式则包括了让转类复句和假转类复句中的配套式复句，及让转类复句中的多标式复句。居端依赖式则包括让转类复句和假转类复句中关联标记居于前分句句首的单标式复句。

三种不同标记模式的分布情况见表 3-5。在四种语体语料中，居中黏结式出现 6 998 次，占 78%，四种语体分布从高到低依次是：

表 3-5　现代汉语有标转折复句不同关联标记模式的分布表

复句类型	标记模式	口语语体	文学语体	新闻语体	科技语体	合计		
						居中黏结式	前后配套式	居端依赖式
突转类	居中黏结式	1 812	2 146	1 027	1 502	6487		
	前后配套式							
	居端依赖式							
让转类	居中黏结式	63	136	5	56	260		
	前后配套式	215	439	293	429		1376	
	居端依赖式	221	278	73	40			612
假转类	居中黏结式	72	77	25	77	251		
	前后配套式		3	3			6	
	居端依赖式	2	9	1				12
合计（百分比）	居中黏结式	1 947	2 359	1 057	1 635	6 998（78%）		
	前后配套式	215	442	296	429		1 382（15%）	
	居端依赖式	223	287	74	40			624（7%）
		2 385	3 088	1 427	2 104	9 004（100%）		

文学语体＞口语语体＞科技语体＞新闻语体

前后配套式出现 1 382 次，占 15%，四种语体分布从高到低依次是：

文学语体＞科技语体＞新闻语体＞口语语体

居端依赖式出现 624 次，占 7%，四种语体分布从高到低依次是：

文学语体＞口语语体＞新闻语体＞科技语体

3.2.1 居中黏结式

居中黏结式是指关联标记居于复句前、后分句之间，将两个分句关联起来的有标转折复句。这种复句是前文所述的单标式复句中关联标记居于分句之间的一类。关联标记居于复句前、后分句之间，从而将两个分句连接起来，表达转折语义关系。这个关联标记可以是转折关联标记，直接显示出分句间的转折关系（如“……，但是……”“……，可……”“……，却……”“……，而……”等）；也可以是让步关联标记，间接显示出分句间的转折关系（如“……，虽然……”“……，不论……”“……，不管……”“……，尽管……”等）。

如果把复句中的前、后分句分别标示为“S1”和“S2”，将关联标记称为“联标”，从理想形态来看，居中黏结式复句应该有两种关联标记模式：

A:“S1，联标 +S2。”

B:“S1+ 联标，S2。”

A 式的关联标记出现在后分句的句首，从而将前、后分句关联起来，形成转折关系复句。B式的关联标记出现在前分句的句末，从而将前、后分句关联起来，形成转折关系复句。但是，在400万字的语料统计中，没有发现“S1+联标，S2”式，只有“S1，联标+S2”式。也就是说，只有标记前置型的居中黏结式，没有标记后置型的居中黏结式。如：

(1) 我早已将叔婶当作父母，可他们待我再好，又代替不了父母。(王登峰、张伯源:《大学生心理卫生与咨询》)

(2) 他拿起来看了看，说我会烤，烤得好，但他没有吃，又放在炉子上。(张贤亮：《邢老汉和狗的故事》)

(3) 这是1994年12月一个极冷的日子，而中午的北大广告栏前仍是人头攒动。(《人民日报》[1995-01-01(E)])

(4) 康伟业的口才原本不差，但是被段莉娜的气势压抑住了，显得迟钝和笨拙，有时候还口吃。(池莉：《来来往往》)

以上几例均是居中黏结式，而且都是“S1，联标+S2”式。这些例句中的转折关联标记“可、却、而、但是”等，都居于后分句的句首位置，位于前、后分句的中间，将前、后分句关联起来，起到了关联前、后分句的黏结作用，形成了“……，可……”“……，不过……”“……，却……”“……，而……”“……，但是……”等抽象简明的句式，表示转折关系。这种前置型居中黏结式复句的语义重心在后分句，在肯定前分句所述情况的条件下，后分句用转折关联标记突然转折，轶出前分句所引起的预期，逆转到与前分句相反或相对的方面去。

实际上，这种居中黏结关系的关联标记可以分为两类：一类是如上面例(1)至例(4)所述的，转折关联标记居于后分句句首位置，在前分句没有预示的情况下突然表示转折。另一类是前分句述说一种情况，但并不出现任何关联标记，后分句由让步关联标记引领，对前分句起到补充说明的作用。如：

(5)我不主动问他到重庆干什么去了，虽然我那么想知道。(梁晓声:《京华闻见录》)

(6)一想起这些，贺营长就欲罢不能地想去看看“孤胆大娘”，不论他怎么忙。(王蒙:《坚硬的稀粥》)

(7)我对她说，“这完全是两码事，没人有这个胆量这份心思去动手杀人，不管你们互相多么看不惯对方。”(老舍:《正红旗下》)

(8)我们常常能看到孩子费了很大的努力终于完成了一件工作后非常得意的样子，尽管这项工作本身并不能给他带来多大的好处。(方富熹、方格:《儿童的心理世界——论儿童的心理发展与教育》)

例(5)至例(8)可以分别简化为“……，虽然……”“……，不论……”“……，不管……”“……，尽管……”这样简明的格式。它们的共性特征是：前分句所述的情况不受后分句所述情况的影响，而按照常理这种影响是存在的，因此轶出人们的心理预期，形成转折关系。这类复句的语义重心在前分句，表示一种结果，后分句则补充说明按常理会影响到前分句所呈现的结果，但实际上并没有发生影响的原因或者条件，从而使前、后分句形成轶出常态的转折关系复句。

本书的统计考察表明，这种居中黏结式复句是单标式复句中的主体部分，在口语、文学、新闻、科技四种语体的语料中的使用频率都非常高。统计显示其使用次数为6 998次，占总次数的78%。

3.2.2 前后配套式

前后配套式是指两个关联标记分别出现在前、后分句中配套使用，将前、后分句关联起来的有标转折复句。这两个关联标记一般是让步关联标记和转折关联标记，它们一前一后配套使用形成前让后转的转折关系复句，一般来说让步关联标记出现在前分句的句首位置或者主语、谓语之间，转折关联标记位于后分句的句首位置或者主语、谓语之间。相反，在前分句出现转折关联标记，后分句出现让步关联标记的情况几乎没有。因为，从认知功能语言学的观点来看，转折复句就是对现实中具有转折关系事件的象似性表述，它要遵守“顺序象似性”和“时间象似性”原则，必须在某一事件的基础上才可能出现转折，转折关系必须存在于事件之间，因此转折关联标记必须居于复句的中间位置。如果将转折关联标记放在复句前分句的句首位置，就违背了这些“象似性”原则。这种前后配套式复句主要是前文所述的让转类复句，让步标记和转折标记分别居于前、后分句中，紧密配合，在先承让的基础上表示转折关系。典型的句式是“虽然……，但……”“即使……，也……”。让转类复句在现代汉语有标转折复句体系中的比例也是很高的，如表 3-5 所示，在四种语体语料中共出现前后配套式复句句式 74 种，出现次数 1 382 次，占总次数的 15%。

如果把复句中的前、后分句分别标示为“S1”和“S2”，将关联标记称为“联标 1”和“联标 2”，从理想形态来看，前后配套式可以组成如下格式：

A:“联标 1+S1，联标 2+S2。”

B:“联标 1+S1，S2+ 联标 2。”

C:“S1+ 联标 1，联标 2+S2。”

D:“S1+ 联标 1，S2+ 联标 2。”

A 表示两个关联标记分别居于两个分句句首位置，将两个分句关联为一个复句；B 则表示两个关联标记一个居于前分句的句首位置，另一个居于后分句的句末位置；C 则表示两个关联标记一个居于前分句的句末位置，另一个居于后分句的句首位置；D 则表示两个关联标记分别居于前、后分句的句末位置。从实际的语料统计来看，现代汉语有标转折复句中只有 A 式是最基本、最常见的，而 B、C、D 三式没有出现。在我们统计的 74 种配套式复句中，全部是 A 式。在 A 式这种“联标 1+S1，联标 2+S2”的配套模式中，根据“联标”与所在小句主语的位置关系，本书又将配套式分为典型的前后配套式和“非典型的前后配套式”。

3.2.2.1 典型的前后配套式

典型的前后配套式复句中的“联标”均位于小句句首主语之前，引领整个小句。如：

（15）<u>尽管</u>不同的个体成熟时间有很大差别，<u>但</u>只要

一进入发身期，他们成熟的模式是相同的。（方富熹、方格：《儿童的心理世界——论儿童的心理发展与教育》）

（16）虽然目前大学教师的平均生活水平还很差，但为了祖国的教育事业，甘守清贫者依然不会减弱！（池莉：《一丈之内》）

（17）不论作出哪一种选择，都必须放弃一部分自己所看重的东西，或付出一定的代价。（王登峰、张伯源：《大学生心理卫生与咨询》）

（18）即使把程序写了出来，也将给后面的开发工作以至维护工作带来严重的不良影响。（郑人杰：《实用软件工程》）

（19）就是再富有想象力再先进再精密的智能机器人儿，也不可能模仿人的特征啊。（王朔：《编辑部的故事·人工智能人》）

以上各例中的关联标记均位于前、后分句的句首位置，是典型的前后配套式。例（15）至例（19）中的关联标记“尽管、虽然、不论、即使、就是”都是位于前分句句首，表示让步关系；“但、但是、都、也”等转折关联标记紧承前分句，位于后分句的句首表示转折关系。这样，让步关联标记和转折关联标记将前、后分句关联起来，形成先让步后转折的让转句式。为了方便起见，本书将这种有标转折复句中的关联标记提取出来，就得到了“尽管……，但……”“虽然……，但是……”“不论……，都……”“即使……，也……”“就是……，也……”较为抽象简明的复句句式。

3.2.2.2 非典型的前后配套式

但是，在实际的语料统计中，除了关联标记均位于前、后分句句首位置的典型的前后配套式外，还有大量的不是那么典型的前后配套式复句。具体表现为，关联标记不完全是出现在前、后分句的句首位置，而是出现在分句的主语和谓语之间，这就是非典型的前后配套式复句。其中的"联标"不是位于小句句首位置，而是位于小句的主谓语之间，前后呼应形成让转句式。如：

（20）企业污染物排放浓度虽然达到规定标准，但是，各企业污染物排放总量仍然超过区域环境容量。（马忠普等：《企业环境管理》）

（21）这一研究结果尽管只是大学生在应付考试时的策略，但与我们前面所讨论的我国大学生应付困扰因素的策略是很相似。（王登峰、张伯源：《大学生心理卫生与咨询》）

（22）如此虽有些作用，但又觉得这样的生活很累。（王登峰、张伯源：《大学生心理卫生与咨询》）

（23）在这种情况下，学生即使能够背诵公式、定义、法则，也不过是一堆毫无意义的声音或文字符号。（王登峰、张伯源：《大学生心理卫生与咨询》）

（24）钢铁渣综合利用率近年来虽然有很大的提高，但是钢渣中含量在10%左右的钢铁料基本未能回收利用。（马忠普等：《企业环境管理》）

（25）我们宁愿只取其中的一个作为测试数据，作一次测试，而不取两个，分别作两次测试。（郑人杰：《实用

软件工程》)

(26) 她虽然觉得这样并没什么不好，但又希望成绩能尽快赶上去，同时能保持情绪的稳定，从生活中找到乐趣。(王登峰、张伯源：《大学生心理卫生与咨询》)

(27) 自己虽然不太喜欢那个单位，但也没有更理想的去处。(王登峰、张伯源：《大学生心理卫生与咨询》)

(28) 这尽管有一定的道理，但并不符合实际情况。(王登峰、张伯源：《大学生心理卫生与咨询》)

(29) 那么即使最后测查出来的结果显示出两者的差异，也很难说明是否真的由于使用了不同的教材所致。(方富熹、方格：《儿童的心理世界——论儿童的心理发展与教育》)

(30) 在各种经济体系中，不管哪一种经济体系也不管它是市场调节经济或是计划经济，都是用来满足同样的需要，并起着同样的作用。(马忠普等：《企业环境管理》)

(31) 它的实质虽然不变，它的形式却因而变得较为复杂而没有相应的收获。(王登峰、张伯源：《大学生心理卫生与咨询》)

以上例句中的关联标记虽然是配套出现的，但是他们在句中的位置与典型的前后配套式有明显的区别，即这些例句中的关联标记并不是全部出现在分句的句首位置。例(20)至例(31)中，前分句中的关联标记都没有出现在句首位置，例(31)中后分句中的关联标记也不是位于居首位置，这些关联标记一般位于分句的主语之后谓语之前，也就是主语、谓语之间的位置。这些关联标记一般可以移位到分句的句首位置，而句子的基本语义关系保持不变。但是，关联标记这种位置上的变化，不是可有可无的，也不是无缘无故的。系统功能语言学观点认为，句法格式上的变化，必然会带来语义的变化或者语用的变化；或者说，语义的变化或者语用的变化，必然会表现为格式上的变化，二者是相辅相承的。下面进行一个比较：

(20′) 虽然企业污染物排放浓度达到规定标准，但是，各企业污染物排放总量仍然超过区域环境容量。

(21′) 尽管这一研究结果只是大学生在应付考试时的策略，但与我们前面所讨论的我国大学生应付困扰因素的策略是很相似的。

通过比较例 (20)、例 (21) 和例 (20′)、例 (21′)，可以发现二者基本语义没有什么变化，但是语用效果却大不一样，例 (20)、例 (21) 分别将“企业污染物排放浓度”和“这一研究结果”置于句首，起到了突出强调的作用。句首是焦点位置，可以很好地突出说话者的语义重心，以引起听话者的注意，而例 (20′)、例 (21′) 则没有这种表达效果，既没有突出主语这个陈述对象，也没有突出谓语对陈述对象的说明。

3.2.3 居端依赖式

居端依赖式复句是指关联标记有条件地居于整个复句的句首或者句末位置而形成的有标转折复句。“端”是指复句的首尾两端，“依赖”是指关联标记居于小句首尾两端而得以成立是对其他条件有依赖关系。关联标记是表示事件之间的关系的，根据认知功能语法的“象似性”原则，关联标记正常的位置应该是前、后小句之间的位置，将前、后小句关联起来，构成一个表义的整体。关联标记如果不居于正常位置，则需要有相应的措施来进行补救，以达到平衡。[42] 在居端依赖式复句中，只出现一个关联标记，这个关联标记要么位于复句的句首位置，要么居于句末位置，因此是一种单标式复句。同前面一样，如果把复句中的前、后分句分别标式为“S1”和“S2”，将关联标记称为“联标”，从理想形态来看，居端依赖式复句应该有两种关联标记模式：

A:“联标 +S1，S2。”

B:“S1，S2+ 联标。”

A 式的关联标记出现在前分句的句首，从而将前、后分句关联起来，形成转折关系复句，是一种典型的前置型先行标记复句；B 式的关联标记出现在后分句的句末，将前、后分句关联起来，形成转折关系复句，是一种后置型后续标记复句。但是，在实际的语料统计中，没有发现 B 式，只有 A 式。实际上，“S1，S2+ 联标”这种句式是一种“后置型标记”模式。刘丹青（2003）、储泽祥（2005）等研究表明，现代汉语是一种特点非常明显的“前置词”语言，典型的前置词如介词、连词都是“前置型标记”，位于小句的句首位置。因此，“S1，S2+ 联标”这种“后置型标记”模式在现代汉语没有出现也是可以理解的。而“联标 +S1，S2”这种句式就是前文中所说的，只在前分句中出现让步关联标记而后分句不出现转折关联标记的单标让转类复句。因为这类复句前、分句中的让步关联标记已经预示了后分句中的转折语义关系，因此，即使后句中的转折关联标记不出现，这种让转关系也是很明确的，整个复句仍然是明显的让转句。[22]

在统计的四种语体语料中，居端依赖式复句的使用句式和使用频率很有限，在400万字语料中共计出现居端依赖式复句句式27种，使用624次，占7%。本书发现居端依赖式复句也有典型与非典型的区别，典型的居端依赖式复句中的关联标记居于前句句首位置，开门见山，引领全句形成转折关系句式；而非典型的居端依赖式复句中的关联标记不是居于句首位置，而是居于前句的主语、谓语之间，将主语所指称的对象居于句首，起到突出强调的作用。

(32) 我爸就是钓鱼竿甩到高压线上，虽耳目复聪，至今脚底板仍留一大疤。(王朔:《修改后发表》)

(33) 后来，她有了一间属于自己的八九平方米的半间平房，虽然昏暗潮湿，她已经很知足了。(《人民日报》[1995-01-10(A)])

(34) 夜间虽然寒冷，白天竟晴空万里，红日当头。(梁晓声:《一个红卫兵的自白》)

(35) 虽然是大灾之年，沈阳农副产品物源依然十分充足。(《人民日报》[1995-01-03(C)])

(36) 他虽然脸上笑着，心里着实感到不舒服。(王朔:《我是你爸爸》)

(37) 尽管英方不断制造障碍，在祖国大好的形势下，

港人对祖国的认识与感情在日益加深。(《人民日报》[1995-01-15(C)])

(38)不管是什么人晕倒了，总会有一群人拥上去，抱的抱，抬的抬，有的递开水，有的掐人中。(池莉：《来来往往》)

(39)不管领导层怎么想，我认为民众事实上已相当厌倦。(《人民日报》[1995-01-08(F)])

(40)虽然那眼角已经有了鱼尾纹，你不是既想到命运毕竟待你不薄同时也感到自己变得善良了吗？(张贤亮：《习惯死亡》)

可以看出，以上例句绝大部分是典型的居端依赖式复句，关联标记都居于前分句的句首位置。通过观察可以发现，有些典型的居端依赖式复句和非典型的居端依赖式复句之间的关联标记可以互相转换，但这种转换是有条件的。即关联标记所在的分句必须是主谓完整的小句，而不是非主谓短语。因为非主谓短语是一个整体，其中的各部分是不可分割的，否则就不能完整地表意。而主谓完整的小句中主语和谓语部分可以分开，并不影响句子意义的表达。所以，在和主谓完整的分句进行搭配时，关联标记可以较为灵活地出现在句首位置或主语、谓语之间的位置，从而形成典型的居端依赖式和非典型的居端依赖式复句。上面例句中，只有例(32)(34)(36)(41)可以互换：

(32′)“虽耳目复聪”——“耳目虽复聪”

(34′)“夜间虽然寒冷”——“虽然夜间寒冷”

(36′)“他虽然脸上笑着”——“虽然他脸上笑着”

(40′)“虽然那眼角已经有了鱼尾纹”——“那眼角虽然已经有了鱼尾纹”

而其他各例都不能这样转换，因为这些用例都是非主谓短语充当分句，关联标记只能位于分句的句首位置。这种转换关系也从侧面说明，句子主语、谓语之间的关系较动宾之间的关系要松散。

储泽祥（2008）认为，居端依赖式复句的关联标记在整个复句的一端（居端），前置于因句，取消了因句的自足性，使其对果句形成依赖。如“因为距离很远，他的话根本听不清楚”，“因为”附在因句“距离很远”的前边，虽然不像黏合剂，但能使“因为距离很远”不能自足，对后面的果句形成依赖，从而构成一个相互依存的整体。同样通过上面的例句，我们发现居端依赖式的依赖关系可以具体分为两个方面：一是对后分句中副词的依赖；二是对后分句中句子语气的依赖。

3.2.3.1 对副词的依赖

从例（32）至例（39）中可以看到，它们的前分句都有表示让步关系的关联标记出现，而后分句没有出现通常所说的转折关联标记，但是通过观察可以发现，这类居端式的后分句并非是单纯的主谓句，而是往往伴有副词成分出现与前面相呼应。如“仍”“已经”“很”“竟”“依然”“着实”“总会”“相当”等。这些副词与前分句中的让步关联标记呼应，形成让转语义关系，表达出说话者的主观情态。如果去掉后分句中的副词，则这种语义关系难以形成。

(32′) 我爸就是钓鱼竿甩到高压线上，虽耳目复聪，至今脚底板____留一大疤。

(33′) 后来，她有了一间属于自己的八九平方米的半间平房，虽然昏暗潮湿，她____知足了。

(34′) 夜间虽然寒冷，白天____晴空万里，红日当头。

(35′) 虽然是大灾之年，沈阳农副产品物源____充足。

(36′) 他虽然脸上笑着，心里____感到不舒服。

(37′) 尽管英方不断制造障碍，在祖国大好的形势下，港人对祖国的认识与感情____在加深。

(38′) 不管是什么人晕倒了，____有一群人拥上去，抱的抱，抬的抬，有的递开水，有的掐人中。

(39′) 不管领导层怎么想，我认为民众事实上已____厌倦。

在例 (32′) 至例 (39′) 中，去掉了后分句中原有的副词，虽然整个复句的意义仍可以理解，但明显感到句子的语义表达不如原来的那么顺畅、充分、到位，好像缺少了点什么，尤其是原句中说话者的主观情感成分没有了，变成了似乎是纯客观的描写句。而且发现，这些去掉了副词的位置，都可以补充上转折关联标记“但是”“却”等，而句子的意义表达不受丝毫影响。由此可以很清楚地看到，后分句中的这些副词起到了类似于转折关联标记的作用，可以看成隐形关联标记，它们与前分句中的让步关联标记呼应使用，使复句前、后分句之间的让转关系得以形成。

3.2.3.2 对句子语气的依赖

居端依赖式有标转折复句的后分句中如果不出现副词成分，那么就只能依赖另一种语法实体：句子语气。邢福义（2000）认为汉语有7种语法实体，分别是语素、词、短语、小句、复句、句群、句子语气，其中句子语气是非音节实体。句子语气反映说话人的主观态度和主观情绪，与特定句调相联系。语气是致句实体，它使小句得以成立。肯定句的内容可以变换成双重否定的形式来表达，也可以用单重否定加反问语气来表达。如“他必须来！”(肯定句)“他不能不来！”(双重否定句)“他能不来吗？”(单重否定加反问语气)。由此可见，句子语气确实是一种重要的致句实体，在句子成句中有重要作用。

通过观察发现，居端依赖式复句的后分句中如果不出现副词性成分，则会以特定的反问语气或者强烈的感叹语气出现，与前分句配合，相互依赖，共同形成让转关系。彭利贞（1997）指出：“有时候，先肯定一个事实，再以否定的形式说出这一事实未能推断出的结果，而这时的后一分句的否定，是以反问语气作为标记的。这种反问语气在这种转折复句的识别中同样具有特征标记的作用”。[43] 调查情况表明，在一部分缺少关联标记的转折复句中，表意强烈的反问语气和感叹语气确实起到了类似关联标记的作用。如前例（40）至例（41）的后分句都是用反问语气，用一种明知故问的形式来表示与前分句的逆转关系。除此之外，后分句还可以用较为强烈的感叹语气，来承接前分句的让步关系，形成让转句式，如例（42）、例（43）。这种复句的后分句都可以明确添加上转折关联标记，从而使这种让转关系更加明确。

(41) 尽管是事实也得不出正确的结论，必须再听听另一方的事实？（王朔：《我是你爸爸》）

(42) 不管你乐意不乐意，你这条线，我是扯住就不撒手了！……（梁晓声：《冉之父》）

(43) 虽说领导的笔乱了点，大模样儿没走呵！（王朔：《一点正经没有》）

以上两种居端依赖式复句的分布有明显的语体差异，具体表现为对句子语气的依赖关系主要出现在口语语体中，而对副词的依赖关系则四种语体中都有表现，但在文学语体中最为集中。

3.3 小　　结

本部分主要通过计算机加人工干预的方式对现代汉语有标转折复句在共时平面的使用情况进行了统计考察，得到以下规律性的结论。

从语义关系分类来看，现代汉语有标转折复句体系中的突转类复句是主体，语用频率最高，占总次数的72%；其次是让转类复句，语用频率次之，占总次数的25%，但句式数量最多，占总句式数的69%；假转类复句的句式数和语用频率都是最低的。

从标记多少的角度来看，汉语有标转折复句的主体是单标式复句，句式数为80种，语用次数为7 184次，占总次数的80%；其次是配套式复句，句式数为74种，语用次数为1 296次，占总次数的14%；多标式复句的句式数和语用次数最少，分别是49种、

524 次，占总次数的 6%。

从句式与语体分布的关系来看，单标式复句在口语语体和文学语体中出现最多；配套式复句在四种语体中出现数量比较均衡，只有科技语体稍低；多标式复句在科技语体中出现最多。由此可见，口语及文学语体倾向于使用单标式复句，可以简单、明了地表情达意；科技语体倾向于使用多标式复句，这是与科技语体长于逻辑推理、表达较为复杂的思想分不开的。

在四种语体中，出现的句式数量从多到少依次是：让转类—突转类—假转类；从语用次数来看则依次是：突转类—让转类—假转类。可见，让转类句式数量最多，使用次数次之；突转类使用次数最高，句式数量次之；而假转类句式无论是使用数量还是使用次数都是最低的。

根据关联标记在复句中出现的位置，本书将现代汉语有标转折复句的关联标记模式分为三种类型，分别是居中黏结式、前后配套式和居端依赖式。考察表明，居中黏结式复句是单标式复句中的主体部分，使用频率是非常高的。本书的统计显示其使用次数为 6 998 次，占总次数的 78%。前后配套式复句主要是让转类复句，在现代汉语有标转折复句体系中的比例也是很高的，使用次数为 1 382 次，占总次数的 15%。

四种语体语料中，居中黏结式复句出现 6 998 次，占总次数的 78%，四种语体分布从高到低依次是 : 文学语体＞口语语体＞科技语体＞新闻语体；前后配套式复句出现 1 382 次，占总次数的 15%，四种语体分布从高到低依次是 : 文学语体＞科技语体＞新闻语体＞口语语体；居端依赖式复句出现 624 次，占总次数的 7%，四种语体分布从高到低依次是：文学语体＞口语语体＞新闻语体＞科技语体。

根据关联标记出现的位置，本书又可把前后配套式分为典型的前后配套式和非典型的前后配套式，它们各有不同的语用价值。居端依赖式复句主要是单标让转类复句，其使用频率较低。居端依赖式复句主要表现为对副词和句子语气有依赖关系。两种居端依赖式复句的分布有明显的语体差异。

第四章　影响汉语有标转折复句使用频率的原因分析

从前文的统计中可以看出，现代汉语中有标转折复句句式数量多，统计的数量共有203种，但是从使用频率来看，这些句式之间使用频率的差异比较大，使用频率高的句式如“……，但……”，在400万字的语料中出现1 639次，而且在四种语体中的分布比较均衡；使用频率低的句式如“……，却不过……”“虽说……，也……”等，在400万字的语料中仅出现几例。汉语有标转折复句句式使用频率的差异这么明显，那么，造成这种差异的原因何在？有哪些因素影响了现代汉语有标转折复句的使用？本章试图从关联标记数量、句式构成、语用认知等方面做一个初浅的探讨，以期发现有价值的规律。

4.1 复句关联标记的影响

4.1.1 复句关联标记数量对复句使用频率的影响

从关联标记的数量来看，关联标记的使用主要有单标记、双标记和多标记三种方式。一提到关联标记，人们的脑海里往往会出现成对使用的搭配模式，比如“因为……所以”“只有……才”“虽然……但是”“不但……而且”等，这给人一种印象：关联标记的使用通常是成对使用，搭配使用的频率要高于单独使用的频率。但是，来自语料库的证据表明，实际情况刚好相反，关联标记单独使用的频率要远远高于搭配使用的频率。通过统计可以发现，汉语有标转折复句的使用频率与复句中关联标记的数量有很密切的关系，总的来说二者成反比关系：有标转折复句中的关联标记越少的句式，使用的频率越高；相反，有标转折复句中的关联标记越多的句式，使用的频率越低。即单标记＞双标记＞多标记。

在统计中，本书根据复句中关联标记出现的数量，将现代汉语有标转折复句分为单标式、配套式和多标式三大类，前面已有解释，这里不重复了。三类复句在400万字语料中的使用频率如表4-1所示。

表4-1 单标式、配套式和多标式复句出现次数比较

句式	单标式	配套式	多标式	合计
使用频次	7 184	1 296	524	9 004
使用比例	80%	14%	6%	100%
典型句式	……，但…… 虽然……，……	虽然……，但…… 即使……，也……	虽然……，但……却……	

从表4-1可以看出，现代汉语中单标式、配套式和多标式三类有标转折复句的使用频率表现出了很大的差异。使用频率最高的是单标式复句，也就是只出现一个关联标记的复句，共计出现7 184例，占总使用频次的80%，以句式“……，但……”“虽

然……，……”为典型代表。其次是配套式复句，也就是两个关联标记分别出现在前、后分句中配合使用的复句。这类复句共计出现1 296例，占14%，以“虽然……，但……”“即使……，也……”为典型代表。出现次数最少的是多标式复句，仅出现524例，占6%，以“虽然……，但……却……”为典型代表。从表4-1中可以看出，单标式复句的使用频率是配套式和多标式复句使用频率总和的4倍。由此可见，单标式复句是现代汉语有标转折复句的主体。由此可以看出，随着复句中关联标记数量的增多，复句的使用频率相应降低，复句中关联标记的数量与复句的使用频率成反比倚变关系。

从表4-1中可以很清楚地看出，现代汉语有标转折复句的使用频率和复句中的关联标记数量成反比关系，而且反差非常明显。为了进一步说明复句关联标记和使用频率之间的关系，本书又以转折关联标记“但”为核心进行了更大范围的考察。考察结果如表4-2所示。

表4–2　“但”类关系复句标记数量与使用频率比较表

复句格式（36）	口语语体	文学语体	新闻语体	科技语体	合计（3 389）		
					单标式 2	配套式 12	多标式 22
……，但……	206	338	376	719	1 639		
……，但是……	680	67	37	83	867		
虽然……，但……	9	73	52	140		274	
虽……，但……	1	3	34	30		68	
尽管……，但……	5	3	31			39	
固然……，但……	2	5		10		17	

表 4-2(续)

复句格式（36）	口语语体	文学语体	新闻语体	科技语体	合计（3 389）		
					单标式 2	配套式 12	多标式 22
虽说……，但……	2	5	3			10	
诚然……，但……				7		7	
虽然说……，但……	2					2	
即使……，但……			1			1	
虽然……，但是……	28	7	8	19		62	
尽管……，但是……	10		2	9		21	
虽……，但是……	1	1	1	2		5	
虽说……，但是……	1	1				2	
……，但却……	1	5	2	26			34
……，但……却……	4	13	49	61			127
……，但也……	2	8	8	17			35
……，但……也……				3			3
……，但又……		12		25			37
……，但……又……				23			23
……，但是却……	1						1
……，但是……却……	18			10			28
……，但是只是……				1			1
……，但是……只是……			4	8			12
虽然……，但却……	1			12			13
虽然……，但……却……	2	5		20			27
虽然……，但也……				6			6
虽然……，但……也……				3			3
虽……，但却……				6			6
虽……，但……却……			3				3

表 4-2(续)

复句格式（36）	口语语体	文学语体	新闻语体	科技语体	合计（3 389）		
					单标式 2	配套式 12	多标式 22
即使……，但也……				3			3
尽管……，但也……				1			1
尽管……，但……也……				3			3
尽管……，但却……				5			5
尽管……，但……却				1			1
尽管……，但……只是			2	1			3
单标式	886	405	413	802	2 506		
配套式	61	98	132	217		508	
多标式	29	43	68	235			375
合计（3 388）	976	546	613	1 254			
（百分比）	29%	16%	18%	37%	74%	15%	11%

从表 4-2 中可以看出，现代汉语有标转折复句中，以“但”为核心标记形成的转折复句比较多，共形成转折复句句式 36 种，既有突转类复句，又有让转类复句；既有单标式复句，又有配套式复句和多标式复句，使用次数总计 3 389 次。其中有单标式复句 2 种，分别是“……，但……”和“……，但是……”，共计出现 2 506 次，占总频率的 74%，属于高频转折复句句式。其中“……，但……”在科技语体中出现 719 次，使用频率最高；“……，但是……”在口语语体中出现 680 次，使用频率最高。这种鲜明的对比，反映了科技语体的语用经济的特点，口语语体的双音化特点。围绕“但”和“但是”构成的配套句式和多标句式，也反映出了这一语体特点。有配套式复句 12 种，其中以“但”为中心构成

的句式8种，出现418次；“但是”为中心构成的句式4种，出现90次。有多标式复句22种，其中以“但”为中心构成的句式18种，出现333次；“但是”为中心构成的句式4种，出现42次。

与表4-1相比，表4-2中单标式、配套式和多标式三者之间使用频率的差别有所缓和，但基本格局没有改变。单标式复句的关联标记最少，使用句式最少，但是使用频率最高，是现代汉语有标转折复句的主体。而配套式和多标式复句的关联标记多，使用句式也相应多些，但是使用频率很低，除了“虽然……，但……”和“……，但……却……”句式的使用频率分别达到274次和127次外，“……，但却……”等14种句式的使用频率分别在10~68次之间，而“虽然……，但……也……”等19种句式的使用频率分别在1~7次之间。这说明，绝大部分配套式和多标式复句的使用频率是很低的。

由此可见，现代汉语有标转折复句使用的基本规律之一是现代汉语有标转折复句的主体是单标式复句。现代汉语有标转折复句的使用频率与复句关联标记的多少成反比，关联标记越少的复句句式，使用频率越高；相反，关联标记越多的复句句式，使用频率越低。

姚双云（2008）考察了因果标记“所以”单用和搭配使用的情况，发现“所以”单独使用的比例为78%，与其他标记搭配使用的比例为22%，与本书的考察结果大体相当。由此，似乎可以得出一个具有普遍性的结论：汉语复句标记以单独使用为主体。这可能与汉语使用的结构趋简性和经济性原则有关。

4.1.2 复句关联标记数量与语体差异

具体句式中关联标记的数量差别实际上是复句逻辑语义关系复杂性的语表形式，具体表现为语体差别。汉语口语主要用于现场交际，具有即时性，因此多用短句，即使使用复句，也多用单标式和简单的配套式复句。从表4-2可以看出，口语语体中“但”类复句的主体是以“……，但……”“……，但是……”句式为代表的单标式复句，使用频率为886次，其余的90次用例皆是简明的配套式复句；文学语体和新闻语体虽然是书面语体，但同样追求简单、明了的表情达意，因此所用句式也以单标式“……，但……”为主体，“……，但是……”句式的用例也比较低，与配套式用例差不多。最有特点的是科技语体，不仅所用的复句句式多，除了非常口语化的“虽说……，但……”“虽说……，但是……”“虽然说……，但……”没有用之外，其他句式皆有一定量的使用频率，其中单标式802次，配套式217次，多标式235次。配套式和多标式复句的高频率使用，是和科技语体长于表达较为复杂的逻辑语义关系相适应的。如：

(1) 虽然只有很少大学生因为同学之间关系不和而前来接受心理咨询，但很多因其他问题接受咨询的同学中，却往往都存在与同学关系中出现的问题。(王登峰、张伯源：《大学生心理卫生与咨询》)

(2) 虽然理智上明白别人不一定是笑自己，但却总也控制不住。(王登峰、张伯源：《大学生心理卫生与咨询》)

(3) 虽然近年来国内外也都有建立“软件工厂”的说

法，但软件工厂毕竟只是为软件开发手段或开发环境创造更加优越的条件，以利于高效地开发软件，并不意味着按硬件生产的模式生产软件。(郑人杰：《实用软件工程》)

(4) 这样虽然各个输入条件可能出错的情况已经看到了，但多个输入情况组合起来可能出错的情况却被忽略了。(郑人杰：《实用软件工程》)

以上几例皆来自科技语体，是典型的多标式转折复句，前分句用让步关联标记姑且承认某一事实，后分句用多个转折关联标记承上转折，表达出多个方面的逆转关系，构成复杂的多标记让转复句。以例 (4) 为例简要分析，前分句用让步关联标记“虽然”承认“各个输入条件可能出错的情况已经看到了”这一事实，引起听话者正向的心理预期“应该不会出现什么差错了”，但是“虽然”表明后分句会出现逆预期的情况，果然，后分句用了转折关联标记“但”表明“多个输入情况组合起来可能出错的情况”“却”“被忽略了”。后分句多个转折关联标记的运用，表明了多个方面的逆预期情况的出现：一个是“但”引领的“多个输入情况组合起来可能出错的情况”是前分句“各个输入条件可能出错的情况”逆预期；一个是“却”引领的“被忽略了”是前分句“已经看到了”逆预期。这样多层次、多层面的逆预期，构成了逻辑语义关系复杂的多标式转折复句。

4.1.3 关联标记位置对复句使用频率的影响

除了关联标记使用的数量，对汉语有标转折复句的使用频率有影响外，还发现关联标记在复句中出现的位置不同，对复句的使用频率也有很大的影响。对此，在前文中探讨现代汉语有标转折复句的关联标记模式时已有所涉及，认为首先是居中黏结式的使用频率最高，其次是前后配套式，使用频率最低的是居端依赖式。下面进一步从复句关联标记的位置差异探讨对复句使用频率的影响。这种复句标记的位置差异，可以分为两个方面进行：一个是单标让转类复句中关联标记位置差异对复句使用频率的影响；另一个是多标突转类复句中关联标记位置差异对复句使用频率的影响。

4.1.3.1 单标让转类复句中标记位置对复句使用频率的影响

单标让转类复句是指只出现让步关联标记的让转类复句。单标让转类复句中的让步标记可位于前分句的句首位置，也可以位于后分句的句首位置。一般认为，汉语让转类复句属于前偏后正的偏正复句，前分句为偏句，先承让，后分句为正句，承前分句转折，语义重心在后分句，这种让步关联标记位于前分句的为常式句。但是在具体语境中出于交际上或者语用上的需要，故意调换句子成分的位置，将让步关联标记所在的分句作为后分句就成了变式句。[44] 在现实语料中，让步关联标记无论是出现在前分句还是后分句，都有很高的使用比例，因此在这里忽略常式句还是变式句的语义语用差别，作为两种不同的句式统计处理。本书选取了 18 组关联标记出现位置不同的单标让转类复句句式进行比较，发现二者有很大的差异。其结果见表 4-3。

表 4-3 单标让转类复句关联标记出现位置和使用频率的关系表

复句格式	口语语体	文学语体	新闻语体	科技语体	合计	
					先行前置型	后续前置型
1. 不管……，……	58	55	11	11	135	
……，不管……	3	18		4		25
2. 虽然……，……	19	45	4	4	72	
……，虽然……	1	26	2	26		55
3. 无论……，……	20	22	27		69	
……，无论……	7	3	1			11
4. 尽管……，……	23	16	7	11	57	
……，尽管……	5	2		16		23
5. 甭管……，……	25	11			36	
……，甭管……	1			1		2
6. 别看……，……	28	5	1		34	
……，别看……		1				1
7. 不论……，……	8	5	4	14	31	
……，不论……	1	5		10		16
8. 别说……，……	16	12	1		29	
……，别说……	2	5				7
9. 即使……，……	5	22			27	
……，即使……		4				4
10. 即便……，……		18			18	
……，即便……		7				7
11. 随……，……		9			9	
……，随……		4				4
12. 任……，……	1	1	3		5	
……，任		1	1			2

表 4-3(续)

复句格式	口语语体	文学语体	新闻语体	科技语体	合计	
					先行前置型	后续前置型
13. 宁愿……，……	1	2			3	
……，宁愿		2				2
14. 随便……，……		1			1	
……，随便……		1				1
15. 纵然……，……		1			1	
……，纵然……		1				1
16. 哪怕……，……	1	4			5	
……，哪怕……	4	3	1			8
17. 宁可……，……		4			4	
……，宁可……	2	9				11
18. 就是……，……	1	8			9	
……，就是……	37	34				71
合计（百分比） 先行前置型	206	241	58	40	545(68%)	
后续前置型	63	126	5	57		251(32%)
	269	367	63	97	796(100%)	

从表 4-3 中可以看出，18 组关联标记出现位置不同的单标让转类复句的使用呈现有规律的分布。这 18 组复句都是只出现一个让步关联标记的复句。单标让转类复句中标记的出现位置有两种：一种是关联标记位于前分句的句首位置，本书称之为“先行前置型”；另一种是关联标记位于后分句的句首位置，称之为“后续前置型”。总的来看，“先行前置型”的使用频率要远远高于“后续前置型”的使用频率。18 组单标让转类中的“先行前置型”共计出现 545 次，占总次数（796 次）的 68%；“后续前置型”出现 251 次，占

32%。“先行前置型”的使用频率是“后续前置型”的使用频率的两倍多，因此，“先行前置型”的使用频率要高于“后续前置型”。也就是说，单标让转类复句中关联标记居于前分句的使用频率要远远高于关联标记居于后分句的使用频率。

但是，通过仔细观察发现情况还不只如此，因为转折复句的语义重心在后分句上，即后分句所表达的事实轶出了前分句的预期而形成转折关系，关联标记出现的正常位置应该在前、后分句之间，一般位于后分句的句首位置。那么上面的统计结果与此常识相左，是何原因呢？

通过仔细观察发现，表4-3中复句句式1~12组的“先行前置型”的使用频率都高于“后续前置型”，而且差距很大，区别明显，使用次数为522/157；复句句式13~15组的“先行前置型”的使用次数和“后续前置型”基本相当，出现次数都很少而且平均，使用次数为5/4；复句句式16~18组则完全倒了过来，这三组的“先行前置型”的使用次数都低于“后续前置型”，而且例18的差距非常大，使用次数为18/90。那么，为什么大部分的“先行前置型”的使用次数都高于“后续前置型”，而有少部分“先行前置型”的使用次数低于“后续前置型”，这一差异如何解释呢？

邢福义（2000）“两个三角”的观点认为，“任何语法事实都存在语表形式、语里意义和语用价值三个角度，研究中这三个角度往往都需要进行考察。‘小三角’指的就是‘表—里—值’三角，由语表形式、语里意义和语用价值所构成。”[28]这里关联标记因出现位置不同而引起的使用频率差异就有必要从“表—里—值”三角来进行分析解释。

复句关联标记的出现位置的差异是语表形式，是显露在外的可见形式。而这种语表形式是受语里意义支配的，是语里意义的外在表征形式，语表形式的差异要从语里意义去探寻。通过观察发现，表4-3的18组复句句式中的关联标记都不是典型的转折关联标记，而是典型的让步关联标记。让步关联标记最经常出现的位置是复句前分句的句首，引领复句的前分句先表示对某事实的容忍、承让关系，然后在后分句用转折关联标记表示转折，从而构成让转句式。有的让转类复句只在前分句中出现让步关联标记，预示前、后分句之间的转折关系，而后分句中的转折关联标记并不出现，从而形成了“先行前置型”让转复句。由于让步关联标记经常出现在“先行前置型”让转复句前分句的句首位置，因此，前分句的句首位置就成了让步关联标记的常规位置，所以由让步关联标记居于句首位置构成的“先行前置型”让转句式出现的次数多，使用频率高。

让步关联标记并非总是出现在常规位置，有时也可以单独出现在复句后分句的句首位置，对前分句述说的情况进行补充说明，表示前分句述说的情况不受后分句所述情况的影响，从而形成让转关系。但是这种补充说明作用并非让步关联标记的常规功能，因此，后分句的句首位置也就不是让步关联标记的常规位置，因而出现的次数相对常规位置要少一些，使用频率就低一些。表4-3中的1~12组中“……，虽然……”“……，不论……”等句式就是这种情况。

16~18组的使用频率之所以与1~12组相反，也是因为同样的原因，只不过是“哪怕”“宁肯”“就是”等关联标记经常用于后分句的句首，表示对前分句所述情况进行补充说明，后分句的句首就成了它们的常规位置；相反，前分句的句首是它们的非常规位置。因此，它们居于后分句句首位置的“后续前置型”的使用频率要高于居于前分句句首位置的“先行前置型”的使用频率。而13~15组则刚好位于二者之间，让步关联标记位于前、后分句句首的使用频率差不多，平分秋色，形成了一个过渡地带。

从语体的角度来看，这种让步关联标记单独居于前、后分句句首而形成的单标句式首先在文学语体中的使用频率最高，为367次，而且分布相当平衡，18组句式都有一定的使用频率；其次是口语语体，使用频率为269次；使用频率相对较低的是科技语体和新闻语体，分别为97次和63次。因此，单标让转类复句中关联标记位置差异对复句使用频率有很明显的影响，其语体差异由高到低表现为：

文学语体＞口语语体＞科技语体＞新闻语体

由此可见，由让步关联标记单独引领的让转复句较为口语化，适用于较为轻松、随意的语用情境。

4.1.3.2 多标突转类复句中标记位置对复句使用频率的影响

多标突转类复句是指复句的后分句出现多个转折关联标记的突转类复句。本书统计发现，在现代汉语有标转折复句的后分句中，多个标记组合出现的频率比较高，在科技语体中尤其突出。本书将这类复句称为多标式复句。

从意义关系来看，这里出现的多个关联标记可以是转折连词，也可以是转折副词。转折连词与转折副词都表示逆预期的逻辑语义关系，但二者的侧重点有所不同。“‘但’类转折连词，用于客观叙述异态事实，强调异态事实是客观存在的；‘却’类转折副词，用于主管评述异态事实，强调所述事实属于异态。”[5]多个关联标记一般出现在复句的后分句中，表达较为复杂的语义关系，有的表示多重转折，有的表示强调突出等。转折连词和转折副词所表达的深层语义关系不同，因此二者的句法位置有别，形成的句法格式也有差异。多个关联标记组合出现的频率在突转类复句中最高，其次是让转类复句，因为在突转类复句的前分句加上让步关联标记，就会成为让转类复句，二者的后分句构成情况差不多，因此，这里只考察突转类复句中的多标记分布差异与使用频率和语体的关系。

根据多标突转类复句中的多个关联标记的位置差异，我们将多标突转类复句分为“多标相连式”和“多标分散式”两种类型。二者的区别在于，“多标相连式”的多个标记之间没有其他句子成分，标记是紧密相连的，如“……，但却……”“……，但只是……”；而“多标分散式”的标记是分散的，标记之间间隔有其他句子成分，如“……，但……却……”“……，但……只是……”。本书统计发现，“多标相连式”和“多标分散式”突转复句的使用频率有较为显著的区别，如表4-4所示。

从表4-4中可以看到，在统计的8组多标突转类复句中，“多标相连式”共计出现95次，占总次数的20%；“多标分散式”共计出现386次，占总次数的80%。后者的出现频率是前者的4倍，显示出了较大的差异性。

表 4–4　多标突转类复句关联标记出现位置和使用频率的关系比较表

复句格式（多标突转式复句）	口语语体	文学语体	新闻语体	科技语体	合计	
					多标相连式	多标分散式
1. ……，但却……	1	5	2	26	34	
……，但……却……	4	13	49	61		127
2. ……，而却……				1	1	
……，而……却……	4	32	16	30		82
3. ……，然而却……	0	5	1	2	8	
……，然而……却……	1	20	18	9		48
4. ……，但是却……	1	3	2	2	8	
……，但是……却……	18	0	3	10		31
5. ……，而又……		4		6	10	
……，而……又……	3			10		13
6. ……，但又……		2	1	25	28	
……，但……又……	5	4		23		32
7. ……，但只是……					0	
……，但……只是……		2	4	8		14
8. ……，但（是）还是……	1	2	1	2	6	
……，但（是）……还是……	8	11	7	13		39
合计（百分比）多标相连式	3	21	7	64	95(20%)	
合计（百分比）多标分散式	43	82	97	164		386(80%)
合计（百分比）	46	103	104	228	481(100%)	
合计（百分比）	10%	20%	22%	48%		

进一步观察可知，多标突转类复句的语体分布差异也很明显。无论从复句句式数量来看，还是从使用次数来看，多标突转类复句在科技语体中占有明显的优势，几乎所有的多标突转类复句

句式在科技语体中都有用例，而且使用频率都比较高，总计出现228次，占总次数的48%；几乎是其他三种语体的总和。其语体分布由强到弱依次是：

科技语体＞新闻语体＞文学语体＞口语语体

语体分布显示了科技语体“大范围、高频率地使用关联词语，由此而使复杂的层次、语义关系得以明确地显示出来，以保证表意明白确切”[45]的语体特点。

下面，本书结合具体的用例对两种多标突转类复句进行分析，探讨其使用频率差异化的深层原因。因为多标式复句在科技语体中用例最多，使用频率最高，因此下面的用例均选自科技语体。从这些用例中可以看出，无论是“多标相连式”复句，还是“多标分散式”复句，句中关联标记出现的位置是有规律可循的。一般来说，现代汉语有标转折复句中大部分的关联标记是转折连词，少部分是转折副词，多关联标记连用一般为“连词＋连词”“连词＋副词”的形式，而“副词＋连词”“副词＋副词”的形式很少。比较而言，用得最多的多标连用式是“连词＋副词”形式，如“……，但却……”“……，然而……却”“……，而……又……”等，表4-4中本书统计的8组都是这种形式。下面看几组例句。

(5) 数据流图给出了系统的组成及其相互的关系，但却未说明数据元素的含意。（郑人杰：《实用软件工程》）

(6) 这些举动引起了同宿舍同学们的反感，也浪费了这位女学生大量的时间和精力，但她明知自己的作法荒唐却欲罢不能。（王登峰、张伯源：《大学生心理卫生与咨询》）

(7) 企业以次充好的产品，可以在短期内为企业赢得利益，但是却损害了消费者和社会的利益。(马忠普等:《企业环境管理》)

(8) 我国许多矿产资源的人均占有量均达不到世界平均水平，但是矿产资源的损失却很严重。(马忠普等:《企业环境管理》)

(9) 以下提出的几条软件测试原则表面上看来似乎是显然的，然而却常常被人们所忽视。(郑人杰:《实用软件工程》)

(10) 这是神经症发病的重要原因，然而患者对此却并不知晓。(王登峰、张伯源:《大学生心理卫生与咨询》)

(11) 总之，我们承认智力测验有一定的实用价值，但又不能夸大它的作用。(郑人杰:《实用软件工程》)

(12) 在概要设计完成以后，软件人员需要把注意力集中到模块的功能如何实现方面，但在考虑实现的算法时，又不会被实现一些过分细小的问题所缠绕。(郑人杰:《实用软件工程》)

(13) 有很多同学因这方面的问题而影响了情绪的平衡以及正常的学习和休息，而又往往对自己的冲突认识不清。(王登峰、张伯源:《大学生心理卫生与咨询》)

(14) 有时半天看不进一页书，而其他同学似乎又不像自己这样着急，就更觉得自己不行，有时甚至连同学之间开开玩笑也当真。(王登峰、张伯源:《大学生心理卫生与

咨询》)

(15) 即使在子女行为最不可爱或态度极顽劣丑陋时，父母也只能设法纠正子女的行为，而却决不能撤销对子女的爱。(王登峰、张伯源:《大学生心理卫生与咨询》)

(16) 贸易上的掺假和欺诈行为盛行于中世纪，达到惊人的程度，而我们现在却考虑当时这种错误行为很难不被人发觉。(马忠普等:《企业环境管理》)

(17) 尽管几年来已经出现了活跃的贸易气氛，但还是以简单的展览会、广告等形式起媒介作用。(马忠普等:《企业环境管理》)

(18) 也可以看出，对较容易的课题任务，幼儿也可以进行上级类别水平的抽象，但幼儿的这种抽象概括能力还是十分稚嫩的。(王登峰、张伯源:《大学生心理卫生与咨询》)

上面各例中都是转折连词与转折副词连用的例子，连词主要有“但、但是、而、然而”等，副词主要是“却、又、还是”等。关系连词只表示分句间的连接作用，关系副词不仅可以表示分句间的连接作用，还可以表示语气、情态、频率等语义。从例句中可以看出，“连词 + 副词”形式的复句中，既有“多标相连式”，也有“多标分散式”，但后者的使用频率要远远多于前者的。而且“多标相连式”和“多标分散式”的句式构成有很大的区别。“多标相连式”的后分句一般是没有主语部分的非主谓小句，相连的标记组合位于非主谓小句的句首位置，副词后紧跟小句的谓语部分，转折连词和转折副词结合紧密，不可拆开分置于小句中。

“却”起关联作用时，是常在转折句中表示转折关系，它所关联的分句，其内容往往是与上文的语义相对或相关。而表示这种关系和语义的还有“但、但是、然而、可是、只是、不过、而”等“但”类连词。在语句中，尽管能显示出“却”与它们的共性，但也看出各自不同的个性。句中“却”可用“但”类同义虚词取代。有时二者又可先后连用。它们也可并用，也是为了加强转折语气。由此可见它们有共同点。但有时候又不能彼此互换使用或连用、并举，可见“却”有与“但”类连词不同的特点。“却”是副词，当它起关联作用时也离不开副词特点对它的约束。副词的主要特点是修饰动词和形容词，就其在结构中的位置来看，它常是挨紧动词或形容词，这一特点在“却”起关联作用时也有明显的体现。上面举例的“但”类连词都属于转折连词，它们在句中的位置可于主语前，也可在谓语动词或形容词前。当句中出现主语时，“但”类连词必须放在主语前，不能放在谓语动词或形容词前。这样，“却”一般不能代“但”类连词，因为“却”可用在主谓谓语前，但一般不能用在句子主语前。[46]

而“多标分散式”中的连词和副词是分开的，连词和副词之间可以出现多种句子成分，其中出现最多的是小句的主语，如例(8)、例(18)；还可以出现时间、地点状语，如例(12)、例(16)。副词后紧跟小句的谓语部分。

对于这种关联标记连用的复句类型，学者们进行了许多研究，其中分析最深刻的是邢福义。邢福义(1985)认为：“但是”之类连词用在分句与分句的界线上，重在对前、后分句划出界线，表示它们之间具有转折关系；“却”之类的副词则用在主语或者用在表示时间、处所、对象的状语后边，标明转折点，突出真正的转折内容。这说明，同是表示转折关系，“但是”之类转折连词重“线”不重“点”，“却”之类转折副词重“点”不重“线”。邢福义的观察是非常细致的，所得出的结论也是非常有说服力的。这个观点有助于解释“多标相连式”和“多标分散式”复句的使用频率差异。在“多标相连式”复句中，连词和副词结合在一起，也就是说后分句表示转折的“线”和“点”是重合的；而在“多标分散式”复句中，转折连词和转折副词是分开的，也就是说后分句表示转折的“线”和“点”是离散的。这样一来，转折“线”和转折“点”分离的“多标分散式”复句层次清晰、表意明确、重点突出，使语言表达非常清晰、准确，这非常合乎科技语体表述复杂的逻辑语义关系的语体需要。从语用功能来看，郭志良（1999）认为，“如果‘但’类转折连词与‘却’等转折副词同现，‘但’类转折连词位于旧信息或非信息焦点之前，而‘却’等转折副词位于新信息或信息焦点之前”[5]。

因此，在科技语体语料中，“多标分散式”复句的使用频率最高。而“多标相连式”复句则“点”和“线”重合，只表示对转折内容的强调突出，不如“多标分散式”那样“点”“线”清晰，逻辑分明。因此“多标相连式”的使用频率要低于“多标分散式”复句。

在统计中发现，“副词＋副词”和“副词＋连词”的形式很少，而且都是“多标相连式”，没有“多标分散式”。略举几例如下：

（19）而到了图书馆，看到茫茫书海，却又不知该如何学起，显得无所适从。（王登峰、张伯源：《大学生心理卫生与咨询》）

（20）现在不行了，一切都得自己来做，却又不知如何做。（王登峰、张伯源：《大学生心理卫生与咨询》）

（21）自己抱一种得过且过的态度，却又觉得很不甘心。（王登峰、张伯源：《大学生心理卫生与咨询》）

（22）该公司现在的飞行公里数比1970年多出一倍，但耗油却只是那时的一半。（《人民日报》[1995-01-09（G）]）

（23）当大汉们把扎在选手们胸部针通上电时，所有选手都抽搐着，目眦迸裂，七窍出血，面容狰狞，毛发倒竖。元豹却只是鼻尖上浸出些汗珠儿，笑容依旧，甚至闭上眼睛像经受某种快感似地细细品味着。（王朔《千万别把我当人》）

例（19）~例（21）都是“副词+副词”的形式，两个转折副词连用一起表示转折关系，起到强调突出的作用；例（22）~例（23）是“副词+连词”的形式。两者的不同表现在，例（19）~例（21）都是“副词+副词”的形式，两个转折副词不可分开也不能调换位置，后分句都是缺少主语的小句，紧跟在转折副词之后形成转折关系；而例（22）~例（23）是“副词+连词”形式，后分句都是主谓完整的小句。

4.2 复句句式构成的影响

4.2.1 小句完整性的影响

汉语复句一般是由两个或两个以上的小句结合在一起组成的。

复句一般用来表达事物间较为复杂的逻辑语义关系。本书在考察中发现，影响有标转折复句使用频率的因素是多方面的，除了上面所讨论的关联标记出现的数量和位置外，复句内部小句的完整性对复句的使用频率也有很大的影响。传统的观点认为，句子的基本成分包括主语、谓语两部分，谓语部分又可分为谓语动词和宾语。除此之外，句子还可以有定语、状语、补语等成分，但这些都不是句子的必有成分。一个完整的句子有主语、谓语两部分就可以了。认为“词 + 词，或词 + 短语，或短语 + 短语，都可能形成复句，有时甚至可能形成句群”。[47] 但在统计中发现，复句主要是由完整的小句构成的。本部分以让转类复句为对象进行分析，发现小句的完整性对复句的使用频率有相当大的影响。

让转类有标转折复句的典型句式为“（……）虽然……，但(是)……”，其前分句由让步关联标记“虽然”关联，关联标记可以出现在小句的句首位置，也可以出现在小句的主谓语之间；后分句由转折关联标记“但”或者“但是”关联，关联标记基本位于后分句的句首位置。我们把复句中具备主语、谓语两部分的分句称为“主谓完整的小句”，把主语、谓语两部分不完全具备的分句称为“主谓不完整的小句”。这里，主要考察复句前分句句子成分的完整情况对复句使用频率的影响，结果见表 4-5。

从表 4-5 中可以看出，在 400 万字的语料中，“（……）虽然……，但(是) ……”复句使用的总次数是 356 次，其中前分句为“主谓完整的小句”的复句使用次数为 329 次，占 92%；前分句为“主谓不完整的小句”的复句使用次数为 27 次，占 8%。前者是后者的 12 倍之多。

表 4–5　小句的完整性对复句使用频率的影响比较表

复句格式 (……)虽然……,但(是)……	口语语体	文学语体	新闻语体	科技语体	合计
前分句为完整主谓小句	61	82	61	125	329(92%)
前分句为非完整主谓小句	5	8	5	9	27(8%)
合计（百分比）	66(19%)	90(25%)	66(19%)	134(37%)	356

可见，前分句以“完整主谓小句”作分句是“(……)虽然……，但(是)……”复句的常规形态，因此，使用频率相对要高得多。而前分句以“主谓不完整的小句”作分句的使用频率很低，但是也很有特点，一般是缺少主语部分，现在略举几例，进行相关的分析。

(24) 虽然这么叨唠，每遇到较大的战斗的时节，常班长可没落过后，总是去要求最艰难的任务，争取立功。(老舍:《无名高地有了名》)

(25) 虽然小一岁，郜家宝却比王均化高了一寸。(老舍:《无名高地有了名》)

(26) 虽然没有去数，我可是知道落水的铜钱并不很多。(老舍:《正红旗下》)

(27) 虽然也快六十岁了，但仍女人味儿十足，还浑身具有那么一种浪漫气质。(梁晓声:《冉之父》)

(28) 到底赵胜天是男人，虽然手忙脚乱，还是当机立断地把李小兰送到了医院。(池莉:《太阳出世》)

(29) 虽然每天可收听广播，看电视新闻，但广播和

电视并不能完全代替报纸的功能，人们不能像读报那样从中得到熟读深思之妙。(《人民日报》[1995-01-02(I)])

(30) 虽然临近考试，但不少学校和参赛的教师和学生对比赛相当投入。(《人民日报》[1995-01-10(C)])

(31) 虽然也有一人担任组长，但工作的讨论、成果的检验都公开进行。(郑人杰：《实用软件工程》)

(32) 虽然有了新的语言，但仍然不能把老的语言全都作废，那是因为原有的硬件、软件、任务和人们的习惯等诸因素决定的。(郑人杰：《实用软件工程》)

(33) 虽然要花一笔技术引进费，但若引进得当，不仅可以节省自己的科研设计费用，还可以得到生产效益，总的来说，还是合算的。(曾鹏飞编著：《技术贸易实务》)

(34) 虽然也明白在这种情况下应该怎么办，但又缺乏行动的勇气。(王登峰、张伯源：《大学生心理卫生与咨询》)

(35) 虽然上了工科学校，但他一直觉得自己并不适合学工，而适合学文。(王登峰、张伯源：《大学生心理卫生与咨询》)

(36) 虽然，一时获得了心理上的平衡，但最终得到的必然是无可挽回的失败。(王登峰、张伯源：《大学生心理卫生与咨询》)

(37) 虽然也很想交个男朋友，但又认为自己不配。(王登峰、张伯源：《大学生心理卫生与咨询》)

从上面这些用例中可以看出，这些复句的前分句都是非完整主谓小句，“非完整”表现在前分句缺少主语部分，只有谓语部分。这种主语的缺失一般是因为承前省或者蒙后省造成的，只要结合上下文语境，都可以将缺省的主语补出，并不影响句意的理解。

本书在统计中发现，当非完整主谓小句充当复句的分句时，关联标记只能出现在分句的句首位置，而不能出现在分句的其他位置，也就是说非完整主谓小句是一个不可分割的整体，不容插入或者移入关联标记成分。而完整主谓小句做分句时，关联标记出现的位置则灵活得多，既可以出现在分句的句首位置，也可以出现在分句的主语、谓语部分之间，还可以出现在分句的介宾结构之间。如下例：

(38) 虽然美联储3日突然宣布降低利率后欧元汇率有所下跌，但4日再度上升。(《人民日报》[1995-01-05(G)])

(39) 虽然美国政府与卡特保持一定的距离，但卡特14日仍将个人的想法向克林顿作了介绍，并听取了政府各方面人士的意见。(《人民日报》[1995-01-14(F)])

(40) 虽然他们在人数上处于劣势，可一旦开始以大人对付大人们的狠劲儿对付孩子们，最终吃亏的注定将是孩子们无疑。(梁晓声：《冉之父》)

(41) 其他几个人虽然表面上在各干各的事，有的在补袜子，有的在写家信，有的在被窝里想心思，但注意力无疑都盯在这半块黑面饼子上。(张贤亮：《绿化树》)

(42) 从图和表中还可以看到在10岁以前虽然男孩比

女孩略高、略重，但两者的差别是很微小的。(方富熹、方格：《儿童的心理世界——论儿童的心理发展与教育》)

(43) 这个问题虽然在他们刚刚开始交往时就已经意识到，但却都没有在意。(王登峰、张伯源：《大学生心理卫生与咨询》)

(44) 我国沿海某县一造纸厂虽然每年利润只有10多万元，但是，它所排放的污水却污染了1万多亩滩涂海域。(马忠普等：《企业环境管理》)

(45) 钢铁渣综合利用率近年来虽然有很大的提高，但是钢渣中含量在10%左右的钢铁料基本未能回收利用。(马忠普等：《企业环境管理》)

上面从四种语体中分别任意选择了两例前分句是完整主谓小句的用例，其中3例为关联标记位于前分句句首位置，另外5例的关联标记位于前分句的句中位置。通过观察可以看出，因为复句的前分句是完整主谓小句，因此，关联标记出现位置有很大的灵活性。关联标记既可以位于句首位置，如前例(38)～例(40)；还可以位于主语之后时间状语之前，如例(44)；当然更多的是位于主语和谓语之间，如例(41)、例(43)和例(45)。

关联标记在完整主谓小句中分布的这种灵活性，反映了说话者主观视点的多样性，主观视点的选择取决于说话者的主观表达意图。邢福义(2001)认为，当让步关联标记位于句首时，说话者是将整个小句作为让步对象，因为关涉的对象范围大，所以后续小句的不确定性也大。也就是说，后分句既可以以前分句中的主语为转折对象，也可以以前分句中的时间、地点状语为转折对象，还可以以前分句中的介词结构为转折对象，当然更多地是以前分句中的谓语为转折对象，从而形成让转复句。所以，随着关联标记的后移，前分句的让步对象越来越明确，后分句的不确定性也越来越小。从辖域的观点来看，如果前分句中关联标记后移则辖域改变，表达的重心后移，后分句则应相应改变才行；前分句辖域增大，则后分句转折的可能性范围变大，前分句辖域减小，则后分句转折的可能性范围变小。下面，将上面几例中的关联标记可能出现的位置标记出来，再进行对比观察，则可以更清楚地看出这种关系的变化。

(38′) 虽然美联储（虽然）3日（虽然）突然宣布降低利率后（虽然）欧元汇率（虽然）有所下跌，但4日再度上升。(《人民日报》[1995-01-05(G)])

(39′) 虽然美国政府（虽然）与卡特（虽然）保持一定的距离，但卡特14日仍将个人的想法向克林顿作了介绍，并听取了政府各方面人士的意见。(《人民日报》[1995-01-14(F)])

(40′) 虽然他们（虽然）在人数上（虽然）处于劣势，可一旦开始以大人对付大人们的狠劲儿对付孩子们，最终吃亏的注定将是孩子们无疑。(梁晓声：《冉之父》)

(41′)(虽然) 其他几个人虽然表面上（虽然）在各干各的事，有的在补袜子，有的在写家信，有的在被窝里想心思，但注意力无疑都盯在这半块黑面饼子上。(张贤亮：

《绿化树》)

(42′)(虽然)从图和表中(虽然)还可以看到在10岁以前虽然男孩(虽然)比女孩(虽然)略高、略重，但两者的差别是很微小的。(方富熹、方格：《儿童的心理世界——论儿童的心理发展与教育》)

(43′)(虽然)这个问题虽然在他们刚刚开始交往时(虽然)就已经意识到，但却都没有在意。(王登峰、张伯源：大学生心理卫生与咨询)

(44′)(虽然)我国沿海某县一造纸厂虽然每年利润(虽然)只有10多万元，但是，它所排放的污水却污染了1万多亩滩涂海域。(马忠普等：《企业环境管理》)

(45′)(虽然)钢铁渣(虽然)综合利用率(虽然)近年来虽然有很大的提高，但是钢渣中含量在10%左右的钢铁料基本未能回收利用。(马忠普等：《企业环境管理》)

从上例可以看出，关联标记出现的可能位置虽然很多，但最靠后也只能位于谓语动词之前，而不能位于谓语动词之后，因此谓语动词前是一个句子主语、谓语两部分的分界点。从例句中可以看出，一个句子谓语动词之前的部分是比较松散的，谓语动词之后的部分是比较紧凑的，一般不可分割，不可插入关联标记等成分。刘丹青(2003)在《论元分列式话题结构初探》一文中提到："最早提出'汉语式话题'概念的Chafe(1976)指出，在汉语一类语言中，话题和述题之间的关系可以很松散，话题可以仅仅是为述题提供'时间、空间或个体方面的框架'"。[31] 因此，从话题的角度来看，上面各例中凡是可以出现关联标记的前面部分皆可以作为话题，成为语用者的陈述对象，谓语部分对话题进行陈述。前分句中这些陈述和被陈述的部分，都可以成为后分句逆预期表达的对象，关键看说话者的表意重心是哪一些对象，因此必须有后分句承前转折，明确表达出逆预期的对象来。下面以（45）为例进行分析。

（45）钢铁渣综合利用率近年来虽然有很大的提高，但是钢渣中含量在10%左右的钢铁料基本未能回收利用。

（45a）（虽然）钢铁渣综合利用率近年来有很大的提高，但是其他金属矿渣的回收利用率不高。（以“钢铁渣”为逆预期对象）

（45b）钢铁渣（虽然）综合利用率近年来有很大的提高，但是单项利用率并不高。（以“综合利用率”为逆预期对象）

（45c）钢铁渣综合利用率（虽然）近年来有很大的提高，但是过去一直很低。（以“近年来”为逆预期对象）

（45d）钢铁渣综合利用率近年来（虽然）有很大的提高，但是提高的速度很慢。（以“很大的提高”为逆预期对象）

从例（45a）~例（45d）中可以看到，在完整主谓小句中，让步关联标记可以多视点分布，后分句相应地可以针对前分句中的多个信息点进行逆预期的转折，表达多种逆预期信息。可能正是因为在完整主谓小句中，关联标记可以多视点分布，语用表达有很大的灵活性，因此语用者更愿意选择完整主谓小句作复句的分句，从而导致复句分句的完整性对复句的使用频率有如此大的影响。

4.2.2 小句主语与关联标记语序的影响

前文从小句的完整性方面对复句的使用频率进行了考察，发现完整主谓小句充当复句分句的使用频率远远高于非完整主谓小句充当复句分句的使用频率。本部分依然以“(……)虽然……，但(是)……”为标记的典型让转复句为对象，考察完整主谓小句充当复句分句时，小句主语与关联标记存在语序差异时对该类复句使用频率的影响。通过统计，得出“(……)虽然……，但(是)……”类复句356例，减去非完整主谓小句充当分句的复句27例，还有符合条件的复句329例。根据小句主语和关联标记的位置关系，将这些复句分为两种类型，即“标记居前型”和“主语居前型”，最后统计的结果如表4-6所示。

表4-6　小句主语与关联标记的语序对复句使用频率影响的比较

复句格式	口语语体	文学语体	新闻语体	科技语体	合计
标记居前型 虽然……，但(是)……	32	29	21	42	124(38%)
主语居前型 ……虽然……，但(是)……	29	53	40	83	205(62%)
合计	61	82	61	125	329

从表4-6中可以看出，在329例“(……)虽然……，但(是)……”类复句中，共有“标记居前型”复句124例，占38%；有“主语居前型”复句205例，占62%，后者差不多是前者的两倍。由此可知“(……)虽然……，但(是)……”类复句中“主语居前

型”占有优势地位，语用者倾向于使用“主语居前型”复句。

从语体分布来看，“标记居前型”复句和“主语居前型”复句在口语语体中的使用频率差不多，分别是32例和29例，前者稍占优势；但是在文学语体、新闻语体和科技语体中，则完全是后者占优势地位，后者差不多平均是前者的两倍。这反映了口语语体和书面语体的差别。“主语居前型”复句中的主语位于句首位置，可以使论述对象得到凸显，这符合书面语体表述严谨性的要求，而在口语语体中则比较随意，由于语用经济原则的影响，复句小句主语常承前省或者蒙后省，因此“标记居前型”用例比较多。

既然“(……)虽然……，但(是)……”类让转复句中“标记居前型”和“主语居前型”使用频率的差异只是语表形式，那么导致其语表形式差异的深层原因是什么呢？人们为什么多选用“主语居前型”复句来作为表达手段呢？下面来看几个例句，看看“标记居前型”和“主语居前型”复句到底有哪些不同。

(46) 虽然拉着他的不过是三匹可怜的瘦马，但他还是有一种雄豪的、威武的神气。(张贤亮:《绿化树》)

(47) 虽然咬金只是在四岁那年父亲送葬路上见过蒋绣金一次，她的名字却烂熟于耳，母亲咒骂了她一辈子。(池莉:《来来往往》)

(48) 虽然中国在泰国投资规模仍然较小，但中国的投资也有一定发展，中国在泰国的投资已从第一、二产业发展到第三产业。(《人民日报》[1995-01-15(G)])

(49) 虽然很多失恋者的反应并没有上述事例那样强

烈，但这种自信心的降低和对自己能力的怀疑都是很常见的。（王登峰、张伯源：《大学生心理卫生与咨询》）

(50) 虽然人们已经清楚地认识到根据市场行情定价是一种最好的方式（特别是考虑跌价时），但它已经不容易掌握。（曾鹏飞编著：《技术贸易实务》）

(51) 大学生虽然已经不像儿童或少年那样完全依附于家庭，但他们与家庭的联系仍然是很密切的，对家庭仍有强烈的感情上的依恋。（王登峰、张伯源：《大学生心理卫生与咨询》）

(52) 近年来软件技术虽然取得了不少进展，提出了许多新的开发方法，比如充分利用现成软件的复用技术、自动生成技术，也研制了一些有效的软件开发工具或软件开发环境，但在软件项目中采用的比率仍然很低。（郑人杰：《实用软件工程》）

(53) 我虽然不懂英语，也知道他说的肯定是一句伤人的话。（梁晓声：《表弟》）

(54) 他们虽然年纪小，历史知识少，看的电影也不多，但是却通过找资料、查书籍、访问家长和老师，进一步了解了很多影片中反映的历史事件、英雄人物的优秀品质。（《人民日报》[1995-01-14(E)]）

(55) 江苏南钢队虽然内线发挥不佳，但是胡卫东在外线却频频得手。（《人民日报》[1995-01-14(F)]）

从这些用例中可以看出，前五例为“标记居前型”复句，它们的让步关联标记“虽然”都居于前分句的主语之前；后六例为“主语居前型”复句，它们的让步关联标记“虽然”都居于前分句的主语之后谓语之前。表面看来，这两类复句只有让步关联标记在主语之前、之后的不同，但实际上却导致了句子基本格局的变化。其具体表现在，在“标记居前型”复句中，前、后分句都各有主语，而且两个主语一般是相对立的或者相互区别的。如果前、后分句的主语相同，则主语位于关联标记之前，统帅整个复句，成为“主语居前型”复句。这时候，复句前、后分句的谓语部分则必定是相对立的或者相互区别的。如果后分句不出现主语，则后分句的表述主体不明确，有可能引起歧义，如例(46)后分句“但他还是有一种雄豪的、威武的神气”，如果去掉代词“他”就不清楚该小句主语到底是“他”还是“三匹马”，导致这个句子有歧义。这是为什么呢？因为“(……)虽然……，但(是)……”标记的是让转复句，前分句表示让步，后分句表示转折。当让步标记位于前分句句首时，则表示让步标记后的整个分句都可能是让步的对象，也就是逆预期的对象，后分句也可能是整体都承前分句表示转折，也可能是部分承前转折。关于这一点，赵元任(1979)认为:“‘虽然、因为、假如’等所谓从属连词的一个显著的特点是全部能够搁在从属小句的主语的后头。搁在主语之前或者之后通常要看这两个小句的主语相同还是不同”[49]。这和本书的观察是一致的。

“主语居前型”复句则主语居于整个复句句首位置，统帅整个复句，后分句的主语要么承前省略，要么用代词复指，这时复句前、后分句的谓语部分则必定是相对立的或者相互区别的。如例(53)前分句的主语是“我”，后分句主语承前省略，则它们的谓语

"虽然不懂英语"与"也知道他说的肯定是一句伤人的话"必定相对立。否则的话，前、后分句没有这种对立或差异而形成轶出关系，让转复句就不能成立。

但是也有用例显示，"主语居前型"复句中后分句的主语与前分句的主语不同，如例（55），进一步观察可以看出，例中前、后分句的主语都有一种包含关系，即例（55）中的"胡卫东"是"江苏南钢队"的主力得分后卫。这又怎么解释呢？可以这么说，在"主语居前型"复句中，居于前分句之前的主语具有统摄整个复句的作用，成为整个复句论述说明的对象，因此后分句中的主语要么省略，要么与前分句相同，要么与前分句的主语具有包含关系？也就是说"（……）虽然……，但（是）……"标记的整个让转结构是对句首位置的主语为对象的陈述说明。这样一来，由"（……）虽然……，但（是）……"标记的整个让转结构与句首的主语就是一个"说明"与"被说明"的关系。袁毓林（2003）在《汉语结构类型的普遍语法关照》一文中指出："自赵元任（1968）开始，汉语语法学界逐步形成一种共识：汉语主语跟谓语的关系主要是话题跟说明的关系。比如，朱德熙（1982）说：'说话人选来作主语的是他最感兴趣的话题，谓语则是对于选定了的话题的陈述'。朱德熙（1985）接着上面的意思说：'可见通常说主语是话题，正是从表达的角度说的。至于说主语是施事、受事、与事等等，那是从语义的角度说的。话题可以因选择的主语不同而变化，可是不管怎么变，句子里各个成分之间的语义关系却始终不变。'"[48]可见，这种"主语居前型"复句中的主语就是整个复句的话题，话题后面的"虽然……，但（是）……"结构是对话题所表述的对象有差异的两个或多个方面进行说明。李讷和汤珊迪（Li & Thompson, 1976）首先提出以主语优先和话题优先来给自然语言做类型学分析，并举出汉语为话题优先语言的代表。汉语语法学界一致接受了这一观点。E.Kiss（1998）认为，汉语是一种话题显著型语言。[50] 这些观点都说明了话题在汉语语法学中的地位。这里讨论的“标记居前型”复句和“主语居前型”复句使用频率差异的深层原因，就在于“主语居前型”复句是一种话题优先的结构，它是汉语中常见的句式，因而使用频率高。

4.3 语用认知的影响

前面分别从关联标记出现的数量和位置、复句的句式构成、关联标记和复句主语的语序等方面，对影响复句使用频率的因素进行了初步的探讨。本部分将从语用认知方面，进一步探讨影响复句使用频率的因素。这里将语用认知因素分为语体风格因素和心理认知因素等方面进行。

4.3.1 语体差异的影响

语体就是运用民族共同语的功能变体，是适应不同交际的需要所形成的语言运用体系。语体不是一朝一夕形成的，是语言长期运用的结晶；语体也不是某个人的创造物，是整个民族语言运用的结果。语体的形成是与不同的交际领域的出现、与整个社会功能的分化密不可分的。社会功能的分化就带来了语言表达功能上的分化，这种语言不同表达功能上分化的系统就是语体。所以说，语体又是民族共同语的一种功能变体。这种共同语的功能变体经过长时间的积累，在语言表达上就必然形成了相对稳定的形式积淀，形成了相应的语言运用体系和基本运用规律，而这种规律又不断为运用语言的人群所了解、熟悉、掌握，规范着人们的语言运用。正是千百万人的这种语言运用的实践保证了语体的相对稳定，语体也才有了存在的价值。

袁晖、李熙宗（2005）在《汉语语体概论》中将现代汉语语体分为谈话语体、公文语体、科技语体、新闻语体、文学语体和融合语体。限于时间和精力，本书只考察了四种语体，分别是口语语体、文学语体、新闻语体和科技语体。由于交际领域的不同，不同的语体在语言运用上会表现出一定的差异，体现出某种运用的特色来。在语体系统中，语体之间的差异主要是通过词语、句式和某些修辞手法的运用来体现的。袁晖、李熙宗（2005）指出："句型、句类和句式在语体中的分布是不同的。即使是同一种句型、句类或句式，在不同的语体中，它们的表现方式和表达作用也是不同的，我们的语法研究很少从这个角度进行观察和研究，如果语体学对这个问题研究得比较深透，对于语法学也是一种丰富和深化。"[45] 正是基于此，本部分开始探讨语体差异对现代汉语有标转折复句使用频率的影响。

4.3.1.1 关联标记双音节化语体差异的影响

与古代汉语相比，现代汉语词汇方面最突出的特点就是双音节化，双音节化是指在语言表达中多用双音节或多音节的词汇，而少用单音节的词汇。这是从古代汉语到现代汉语的发展过程中表现出的一个显著特点。郭锡良认为："先秦汉语的双音词已占 20% 左右，双音节的构词到公元前七世纪开始萌芽，到二世纪时渐趋完善。随着语言的发展，双音词的数目不断增加，到中古汉语时获得了强劲的发展趋势。”[51]如在古汉语中，人们用“日、月、星、天、地、人”等单音节词，而在现代汉语中则相应的表述为“太阳、月亮、星星、天空、地球、人民”等双音节词。当然这只是几个名词的例子。实际上，在汉语这种古今转换发展过程中，词汇的双音节化不仅表现在名词、动词、形容词等实词方面，介词、连词、助词、叹词等虚词也同样如此。本书在考察中发现，现代汉语有标转折复句中的单音节转折关联标记“但”与双音节转折关联标记“但是”的分布很有特点，由“……，但……”与“……，但是……”关联的转折复句句式在四种语体中的使用频率有很大的差异。主要表现在口语语体中多用双音节转折关联标记“但是”，其他语体多用单音节转折关联标记“但”。这可能是因为，口语语体中，交谈的双方面对面出现在同一场合，口耳相传，只能通过声音语调表达思想、传递信息，大多是应时即景的，不可能像书面语那样有充分的时间进行精心的思考和严密的组织，如果用单音节词，则同音词太多，会影响思想的传达、信息的交流。因此，现代汉语词汇双音节化的特点在口语语体中表现最为突出。口语语体在语音、词汇、句子、修辞等方面的选择有自己的特点。在这里，仅从词汇方面来考察语体风格特点及其对复句使用频率的影响。具体如表4-7所示。

从表4-7中可以看出，由“……，但……”与“……，但是……”关联的转折复句句式在口语语体和书面语体中的使用频率有很大的差异，对比非常明显。本书统计得出，由单音节连词“（虽然）……，但……”关联的转折复句句式在口语语体中的使用频次为215次，在文学语体、新闻语体和科技语体中的使用频次共计1 904次，平均为634.7次；与此相反，由双音节连词“(虽然)……，但是……”关联的转折复句句式在口语语体中的使用频次为708次，在文学语体、新闻语体和科技语体中的使用频次为221次，平均仅为73.7次。很明显，由“……，但……”与“……，但是……”关联的转折复句句式，在口语语体和书面语体中的使用频率刚好呈现出相反的分布特点：口语语体中多用双音节关联标记，单、双音节关联标记使用频次的比例为225∶708；书面语体中多用单音节标记，单、双音节关联标记使用频次的比例为1 904∶221。这充分说明了词汇双音节化倾向不同的语体差异对有标转折复句语用频率的影响。

表4–7　转折关联标记双音节化倾向对复句使用频率影响的比较

<table>
<tr><th colspan="2">复句格式</th><th>口语语体</th><th>文学语体</th><th>新闻语体</th><th>科技语体</th><th>合计</th></tr>
<tr><td colspan="2">……，但……</td><td>206</td><td>338</td><td>376</td><td>719</td><td>1 639</td></tr>
<tr><td colspan="2">虽然……，但……</td><td>9</td><td>73</td><td>52</td><td>140</td><td>265</td></tr>
<tr><td colspan="2">……，但是……</td><td>680</td><td>67</td><td>37</td><td>83</td><td>867</td></tr>
<tr><td colspan="2">虽然……，但是……</td><td>28</td><td>7</td><td>8</td><td>19</td><td>86</td></tr>
<tr><td rowspan="2">合计（百分比）</td><td>单音节：“但”</td><td>215(23%)</td><td colspan="3">1 904(90%)</td><td>2 119</td></tr>
<tr><td>双音节：“但是”</td><td>708(77%)</td><td colspan="3">221(10%)</td><td>929</td></tr>
</table>

现代汉语词汇的双音节化是汉语在古今演变发展中的一个突出特点。在以文言文为代表的古汉语中，词汇是以单音节的语素词为主体的，一个音节就是一个字、一个语素，同时也是一个词。汉语的音节数量是有限的，总共大概为400个左右，而词语的数

量是无限的，因此文言文中不可避免会出现大量单音节的同音字、同音词，但因为文言文是一种书面语体，主要靠视觉分辨，因此并无大的影响。而随着社会的发展，新的事物层出不穷，表达新事物的新词语相应地也不断增加，与此同时，语言的口头表达越来越成为人们交流思想、表达情感的主要方式，大量的同音词给人们的交流带来了不便。因此，现代汉语词汇的双音节化就成为一种必然。通过历时考察发现，单音节转折关联标记“但”出现于魏晋至晚唐五代时期，双音化转折关联标记“但是”在宋元时期才开始出现。因为这种双音节化词语更利于口头交流，所以在口语语体中表现更为突出。

另外，双音节词语的运用不仅有利于听觉上对词语的分辨，而且有利于舒缓语气语调，更有利于口头表达。通过比较下面几个口语语体的例子，可以很清楚地看出单、双音节词语的差别。

(56) 莫：倒也不完全是，可是……，老余啊，这话我怎么说呀？

余：就是这意思，反正现在咱们都明白了，<u>但是</u>广大消费者还不明白呢。(王朔：《编辑部的故事·甜蜜的腐蚀》)

(57)《一千零一夜》里的装在瓶子里的魔鬼，最初许多年曾经准备报酬给释放他的人以全世界的财富，<u>但是</u>，在绝望地等待以后，他却决心吃掉他的迟来的解放者。(王蒙：《海的梦》)

(58) 莫：太应该听说过了。您二位啊，要是初中文化程度以下的，这有情可原，无知嘛，没文化嘛！可您二位，这一看就是知识分子，是文化人儿啊，至今不知道天泉电器，这，这可真是有点让……

余：哎，那谁，老莫，老莫，我跟你说呀，听说过，但是啊，现在这冰箱牌子太多了，记不住。(王朔:《编辑部的故事·甜蜜的腐蚀》)

(59) 咱们这家庭一个呢，我这儿婆婆呢N倒是咱们牛街的人，但是呢，我这个婆婆，N姑姑，姑奶奶都给的是哈德门，所以说呢，他们呢也没母亲，都在那儿长起来的，所以跟这边儿就不习惯不像这样儿。(《1982年北京话调查资料》编号:1205，说话人:金淑惠)

(60) 刘：你说什么？嗬，用飞机运萝卜，哎唷，你可真敢想。那一张机票多儿钱哪，一斤萝卜多儿钱哪？嘿！那还不如让咱们中国人自个儿多吃点儿不好吗？那萝卜助消化，……

陈：好的，啊，呕，我们再怎么忙也抽得出人手。啊？唉！这是我们应尽的义务嘛？

哈哈哈哈，啊，啊？呕呕，不行不行不行，这可不行啊！哈哈哈 ...... 是呀，我是爱吃萝卜，但是要吃自己去买嘛。啊？我这就派人去，啊，好了。(王朔:《编辑部的故事·捕风捉影》)

(61) 慧芳远远地看见夏顺开，朝阳迎面射来的光芒使她看不清夏顺开的脸，但她估计他也一定看见了她。

慧芳活动了一下身体，扎紧沙袋，没沿着往日的路线，在小树林另一侧的一条林荫道慢慢跑了起来。跑了

一会儿，她眼角的余光注意到夏顺开愈跑愈近，她加快了步伐，但夏顺开还是很快追上了她，和她并肩跑着。(王朔:《刘慧芳》)

从上面的例子中可以看出，双音节连词“但是”比单音节连词“但”音步要长，语气舒缓，而且在“但是”后面可以有语音上的停顿，舒缓谈话的节奏，将谈话者对事物的感情、态度生动地表现出来。这种停顿最突出的标志就是，在“但是”后可以有表示停顿的逗号“，”标记，如例(57)；有的复句中，“但是”后面不仅有逗号标记，而且还可以紧跟“呢”“啊”等语气助词，既可以表示停顿，又可以表示强烈的语气，使转折关联标记更加凸显，将逆预期的逻辑语义关系更加鲜明地表达出来。如例(58)、例(59)。

与此形成鲜明对比的是，在单音节连词“但”语气急促，与后面关联的部分联系紧密，其后面不允许有语音上的停顿，在考察的实际语料中没有出现过“但”后可以有逗号等停顿标记的用例，也没有出现过可以紧跟“呢”“啊”等语气助词的用例。比较而言，单音节连词“但”与其后的分句结合紧密，语调节奏快，有较强的强调作用，如例(61)；而双音节连词“但是”则与其后的分句在结构上松散得多，可以有语音停顿，形成一种比较舒缓的语调。而且发现，以上例句中的“但”都可以替换为“但是”，而“但是”不能做相反方向的替换为“但”，这种不可逆性说明了“但是”对“但”有历时替代关系。而“但”相对于“但是”的高频次使用说明了语用经济性原则仍然是首要的原则。

4.3.1.2 关联标记口语化语体差异的影响

在现代汉语转折关联标记体系中，部分标记的口语化倾向非常明显，例如“虽说、虽然说、别说、别看、甭管、就算、哪怕、随便、不然的话、否则的话”等，它们的口语化色彩非常浓，因此，在考察的四种语体语料中，由标记形成的转折复句句式出现的频率有很明显的语体差异。从表 4-8 中可以看出，由以上口语化标记形成的复句句式在口语语体中出现 125 次，占总次数的 59%，有明显的优势；在文学语体中出现 73 次，占总次数的 35%，口语化倾向也比较明显；而在新闻语体和科技语体中共计才出现 11 次，仅占总频率的 5%，说明这新闻语体和科技语体是很正式的书面语体，很少用口语化的转折关联标记。由此可以看出，转折关系口语化标记的语用频率从口语语体到科技语体呈递减的趋势，其中口语语体和文学语体是主体，占 93%。

表 4-8　转折关联标记口语化倾向对复句使用频率影响的比较

复句格式	口语语体	文学语体	新闻语体	科技语体	合计
虽（然）说……，但 / 但是 / 可 / 可是 / 也	10	6	6	1	23
哪怕……，也 / 但是	8	7	3	2	20
别说……，就是 / 就是……也……	21	18	1		40
别看……，……	28	5	1		34
甭管……，也 / 都	27	11			38
就算……，都 / 也 / 但是……也……	18	24			42
随便……，也 / 就是 / 还是……	4	1			5
……，不然的话……	7	1			8
……，否则的话……	2				2
合计（百分比）	125(59%)	73(35%)	11(5%)	3(1%)	212

4.3.1.3 多标配套句式语体差异的影响

前面的统计考察表明，现代汉语有标转折复句句式的主体是单标式复句，但是多标配套式复句的语用频率也不低，占总频率的 20%。而且统计数据表明，多标配套式复句分布的语体差异很有特点。多标配套式复句是指一个复句中用多个相互关联的关联标记来表达较为复杂的语义关系。口语语体、文学语体和新闻语体在语言运用上都追求简洁、清晰、明快的语用效果，因此较少出现多标配套句式。而科技语体则相反，科技语体主要是传达科技知识，长于摆事实讲道理，经常要通过判断推理来表达复杂的逻辑语义关系，因此多用多标配套句式。表 4-9 很明确地表现了这一语体分布特点。

表 4–9　多标配套复句句式的语体差异比较表

多标配套复句句式	口语语体	文学语体	新闻语体	科技语体	合计
……，但却……	1	5	1	26	33
……，但 / 而 / 可 / 但是 / 然而 / 可是……却……	27	16	69	105	217
……，却 / 而 / 但是 / 不过只是……	1	5		7	13
……，但 / 而……只是……			5	11	16
……，但 / 而……也……				5	5
……，但 / 却 / 而又……	2	31		38	71
……，但 / 而……又……				33	33
虽……，但却……				6	6
虽……，但……却……			3		3
虽然……，但却 / 也……	1			18	19
虽然……，但……却 / 也 / 只是……	2	5		25	32

续表

多标配套复句句式	口语语体	文学语体	新闻语体	科技语体	合计
尽管……，但却/也……				6	6
尽管……，但……也/却/只是……	1		3	5	9
合计（百分比）	34(8%)	62(13%)	81(17%)	286(62%)	463

从表4-9中可以看到，转折关系多标配套复句的各类句式在400万字的四种语体语料中共计出现463次，但是不同语体的分布差异非常明显。其中在口语语体中出现34次，占总次数的8%；在文学语体中出现62次，占总次数的13%；在新闻语体中出现81次，占总次数的17%；在科技语体中出现286次，占总次数的62%。由此可以看出，转折关系多标配套复句的语用频率从口语语体到科技语体呈不断增强的趋势，在科技语体中占绝对优势，其语用频率差不多是前三种语体总和的两倍。充分显示了转折关系多标配套复句分布的语体差异。

4.3.2 语用认知心理的影响

认知功能语法认为，语法就是其对真实世界的“象似性”反映或者临摹。在现实生活中，“从A地出发前往B地”时，出发地点必然先在这一事件中呈现，然后才有到达地的出现，反映了从“A”到“B”的空间先后顺序和时间先后顺序。因此在语言中就采用“从A去/到B”的次序来表达这一行为事件。这就是所谓的“顺序象似性”或者“时间象似性”。同样如此，汉语有标转折复句也是对现实世界中的关系事件的“象似性”描摹。

世界上的事物千千万万、不可胜数，事物之间的关系也是千丝万缕、错综复杂。但是在邢福义看来，事物之间或者事件之间的关系无非三种，那就是因果关系、并列关系和转折关系。因果关系显示的是事物之间的必然性联系，A 事物的出现必然会引起 B 事物的出现，这种“因在前，果在后”的逻辑规律在语言上就表现为“因为 A……，所以 B……”的复句句式。并列关系显示的是在逻辑上没有必然联系但是有共存关系的两个或者多个事件之间的关系。A 事物的出现不以 B 事物的出现为转移；同样，B 事物的出现也不以 A 事物的出现为转移，但是 A、B 又客观共存于现实世界中。就像长江与黄河一样，它们互不相干但又客观并存。因此，并列关系的事物或事件在语言上就表现为“A……，并且 B……”的复句句式。本来，这个客观世界就存在因果和并列两种最基本的关系。

但是，随着人们对这个世界认识的深入，人们发现在因果关系和并列关系的基础上还存在一种关系，那就是转折关系。转折关系是人们基于事物间或事件间因果关系或并列关系的常识，进而发现经常有违这种常识的关系存在。例如“天雨，地湿”是一种常识性的因果关系，一般来说，天上下雨，地上就会湿；但是由于某种其他原因导致“天雨，而地不湿”的情况出现，这种有违因果逻辑常识关系的事件在语言上就表现为转折关系复句。因果关系是用“因为 A……，所以 B……”的复句形式来表达；相反，转折关系是用“A……，但是 –B……”来表述。因此，这是一种对有违因果关系的事件关系的表达，显示了人们对事件关系认识的深化。同样，并列关系是一种常见的事件关系。如“东边日出西边雨”是一种南方很常见的两种气候并存的现象，但是，如果某人对这种现象少见多怪，就会用转折关系来表达“东边日出西边却下雨”。

因此，这种转折关系是人们对不合常理事件关系认识的深化，带有强烈的主观色彩，反映了人们主观视点的变化。在实质上，如果把因果关系和并列关系看成事件关系的常态，那么，转折关系就是对常态关系的违逆，是一种异态的表现。从完形心理来看，常态的因果关系和并列关系是一种完形关系，转折关系是一种非完形关系，所以转折关系是对非完形关系的认识和象似性表达。

转折关系复句是对转折关系事件的象似性表达，是对因果关系事件的一种违逆，因此，其常规语序仍然遵循因果关系事件的语序，只不过逻辑语义不是“从A到B”而是“从A到–B”而已。转折关系复句的前分句一般是叙述有关原因或条件的对照小句，后分句表述轶出对照小句预期关系的主要小句。在本书统计的现代汉语四种语体语料中，共计出现转折复句句式203种，大部分遵循“从A到-B”的常规语序，包括所有的“突转类”复句和绝大多数的“让转类”复句及“假转类”复句，它们都是将转折关联标记置于前、后分句之间、后分句句首位置，以凸显主要小句轶出对照小句预期的转折关系。其代表句式为“A……，但是B……”“虽然A……，但是B……”“A……，否则B……”。但是，也有20种复句句式没有遵循这一常规语序，而是用相反的语序“从–B到A”，这种语序先突出强调不合常理的结果“–B”，然后再叙述本该带来结果“B”实际上却带来“–B”结果的原因或条件“A”，起补充说明的作用。这是一种临时语用中急于表达结果，然后补述原因或条件的非常规语序。因此，在实际语篇中出现的句式和语用频率都不高，是对常规语序的一种补充。而这又恰恰反映了人们的语用认知心理对转折复句句式及语用频率的影响。

4.4 小　结

本部分对影响现代汉语有标转折复句使用频率的相关因素进行了粗浅的分析。分析结果表明，影响现代汉语有标转折复句使用频率的因素是多方面的。

首先，关联标记出现的数量和位置对复句的使用频率有很大的影响。现代汉语有标转折复句句式的使用频率与句式中的关联标记数量成反比，复句句式中出现的关联标记越少，其使用频率越高；标记越多则使用频率越低。因此，从关联标记数量的角度来看，汉语有标转折复句句式使用频率从高到低依次是单标式复句、配套式复句、多标式复句。这与语用表达的经济性原则有关。

从关联标记出现的位置来看，关联标记居于常规位置的复句句式使用频率要远远高于关联标记位于非常规位置的句式。复句关联标记是一种小句间的联系项，根据 Dik 的“联系项居中原则”，复句关联标记的常规位置是复句前、后分句之间的位置。因此，居中黏结式的使用频率最高，其次是前后配套式，使用频率最低的是居端依赖式。进一步的考察表明，单标让转类复句中大部分的标记“先行前置型”的使用频率要远高于标记“后续前置型”，少数几种句式呈相反分布，还有几种居于过渡地带，这也与关联标记是否用于常规位置有关。这显示了完形心理认知的影响。

对多标突转类复句的考察表明，多标式复句使用频率的语体差异非常明显，从口语语体、文学语体、新闻语体到科技语体呈梯次上升趋势，多标突转类复句在科技语体中的使用频率比前三种语体的总和还要高出10个百分点。这与科技语体长于说理，多用于表达复杂的逻辑语义相关。

从复句后分句中多个转折关联标记是否连用来看，“多标分散式”的使用频率远远高于“多标相连式”，这是因为“多标分散式”复句中的“转折线”和“转折点”分开，可以使语用表达层次清晰、表意明确、重点突出，使语言表达非常清晰准确。

从句式构成来看，小句的完整性对复句使用频率有很大的影响。通过对“(……)虽然……，但(是)……”复句的考察发现，前分句为“主谓完整的小句”的使用频率是“主谓不完整的小句”的12倍之多。这是因为在主谓完整的小句中，关联标记可以多视点分布，语用表达有很大的灵活性，因此语用者更愿意选择主谓完整的小句做分句的复句，从而导致复句分句的完整性对复句的使用频率有如此大的影响。

通过对小句主语与关联标记的语序对复句使用频率影响的比较发现，“主语居前型”复句差不多是“标记居前型”复句的两倍，“主语居前型”复句占有优势地位，语用者倾向于使用“主语居前型”复句。从语体分布来看，“标记居前型”复句和“主语居前型”复句在口语语体中的使用频率差不多，前者稍占优势；但是在文学语体、新闻语体和科技语体中，则完全是后者占优势地位，后者差不多平均是前者的两倍。这反映了口语语体和书面语体的差别。这显示了汉语作为话题优先型语言的特点。

从语用认知的角度来看，单音节标记“但”和双音节标记“但是”在口语语体和书面语体中的使用频率刚好呈现出相反的分布特点：口语语体中多用双音节关联标记，书面语体中多用单音节标记，这充分说明了词汇双音节化倾向的语体差异对有标转折复句语用频率的影响。

口语化标记形成的复句句式在口语语体、文学语体中使用频率高达94%，口语化倾向非常明显；而在新闻语体和科技语体中共计才出现14次，仅占总频率的6%，说明这两种语体是很正式的书面语体，很少用口语化的转折关联标记。

从语用认知心理来看，转折关系是人们对不合常理事件关系认识的深化，带有强烈的主观色彩，反映了人们主观视点的变化。实质上，如果把因果关系和并列关系看成事件关系的常态，那么，转折关系就是对常态关系的违逆，是一种异态的表现。从完形心理来看，转折关系是对非完形关系的认识和象似性表达。

第五章 汉语有标转折复句的历时考察

任何事物都不是一成不变的，都有一个产生、发展、变化的过程，语言也是如此。现代汉语是从古代汉语发展而来的，在从古至今的发展演变过程中，汉语有标转折复句在各个历史时期都有哪些特点，从古至今有什么样的变化规律？本部分就要解答这些问题。

5.1 古代汉语转折复句研究综述

关于古代汉语中的转折关联标记和转折复句，前人已经做过很多有意义的探讨和研究，取得了丰硕的成果，下面进行一个简要梳理。

马建忠《马氏文通》(1898) 把转折复句称作“反正之句”，意为“反正之句者，即前后句意义相背，中假连字以捩转也。捩转而不用连字者亦有焉，然不概见也。”“转捩连字者，所以反上文而转申一义也。”对转折复句的关系标记进行论述，将“然”和“然而”等连词归入“转捩连字”，将“虽”和“纵”等连词归入“推拓连字”。

周法高《中国古代语法》(1961)将“虽”称为“容认句记号”，将“而”“然”“乃”“顾”称为转折句记号，并分类列举说明。还指出：有些句子，上句用“虽”“纵”等作记号，表示容认；下句用“而”“然”等作记号，表示转折，构成让转类复句。

祝敏彻《〈朱子语类〉句法研究》(1991)对《朱子语类》中的转折复句进行了分类描写，将表事实性让步的“虽”类句归入转折复句，将表假设性让步的“虽”类句归入让步句，将副词“却”“只是”“其实”“也”等看作转折标记。

管燮初《〈左传〉句法研究》(1994)分析了《左传》中的转折复句和转折标记。将单用转折连词的句子归入并列关系的联合句，而将使用了让步连词“虽”的句子归入偏正句让步复句。并对每一类句子进行内部形式的统计和再分类，将转折标记分成并列连词和偏正连词两种。

吴福祥《敦煌变文语法研究》(1996)主要从转折标记入手，将“虽”类连词和“只是”类连词分别归入让步连词和转折连词，并对每种标记的数量进行了统计。

杨伯峻、何乐士《古汉语语法及其发展(修订本)》(2001)将转折复句分为转折式和让步式两类，转折式一定要在正句出现转折标记，让步式则一定要在偏句出现让步标记，并重点对各类转折标记进行了分类列举。将表转折的连词按作用和意义分为重转、轻转、他转三类，并进一步将转折句中的连词分为两种情况：一种本身没有转折义，需要配合文意表示转折，如“而”“又”等；另一种本身就有转折义，如“顾”“抑”“然而”等。

朱冠明《副词“其实”的形成》(2002) 详细考察了“其实”的虚化过程，指出了辨别“其实”是否虚化的形式标志，认为现代汉语副词“其实”是由古汉语中位于主语位置的偏正词组“其实”虚化而来，拟定了副词“其实”产生的大致时代并分析了其虚化机制。

王霞《转折连词“不过”的来源及语法化过程》(2003) 认为，现代汉语的转折连词“不过”来源于副词“不过”，而副词“不过”来源于偏正式的动词短语“不过”。“不过”的语法化过程就是功能的扩展过程，“不过”的语义由实到虚，形成了一个渐变的序列。

周刚《连词产生和发展的历史要略》(2003) 涉及部分转折连词的发展轨迹。他指出转折连词上古时期就已产生，而且多为单音节词；中古时期出现了部分新兴转折连词，如“但”，并且双音化趋势显露；近代时期的双音节转折连词词量剧增，口语化趋势明显，现代汉语中大部分的转折连词在这一时期已经出现，并重点分析了“虽然”和“只是”的产生机制。

白兆麟《〈盐铁论〉句法研究》(2003) 也以转折标记为分类依据，将只有正句中使用转折连词的复句归入转折句，而将偏句使用“虽”的复句归入让步句，这里的“虽”既可作“虽然”讲，也可作“即使”讲。

钱宗武《今文尚书语法研究》(2004) 谈到了连词的类型、特点及词性鉴定，对原书中的主要连词一一列举并统计，其中涉及到一些转折连词。

王磊《“但”的词性演变史及其机制》(2003) 通过考察古代各个时期的经典文献，对“但”由副词演变为连词的过程进行了描写，认为这一演变过程从魏晋开始，到明末结束，其根本原因是句子结构的复杂化。

金春梅《"但"字小议》(2005)初步勾画了"但"从动词到副词再到连词最后变成助词的演变脉络，认为"但"的虚词用法是由实词义虚化而来，句首助词"但"是连词"但"进一步虚化的结果。

刘利《上古汉语的双音节连词"然而"》(2005)认为"然而"最初是指示代词"然"和连词"而"的组合，后来演变为双音节连词并沿用至今。并指出双音节连词"然而"的演变在上古时期就已经完成，具体时间在战国初期，此后到西汉的发展表现为数量的增加和用法的进一步成熟。

朱城《试论转折连词"然"的形成》(2007)对转折连词"然"与"然而"的产生先后及其演变机制进行了探讨，指出是"然"先有标转折的用法，然后与"而"结合，形成同义并列复合词，"然"与"然而"成为转折连词的时间虽有早晚之别，但不会相差太久。

席嘉《与"组合同化"相关的几个连词演化的考察》(2006)认为转折连词"然"、让步连词"然"、假设连词"还"和假设连词"要"都是经过跨层组合构成词组或具有了结构意义，然后受到组合中另一个词或词素语义—语法功能的同化，产生了新的语法功能。它们的演化途径应属于虚词的组合同化。

综上可以看出，近一个世纪以来，学界对古代汉语中转折复句的研究，从转折复句的界定、分类，到转折关联标记的来源、形成，取得了越来越深入的成果。但是，在前人不断获得丰硕成果的同时，转折复句的研究依然存在着一些局限，这主要表现在以下几个方面。

首先，从研究领域看，虽然也有针对古代某部专书进行封闭式考察的论著，而关于上古、中古和近代的断代研究则比较少，更没有对转折复句进行从上古到现代系统的历时研究，这样不利于探究转折复句在各个时代的个性和共性，也就很难描画出在整个汉语史上转折复句的发展演变轨迹。

其次，从研究内容看，现在的着眼点多侧重于对转折复句某一个方面进行研究，比如转折复句的语义分类、某些转折连词和转折副词的来源、转折连词和副词的特点等，由此得出的成果显得比较分散，系统性不强。

最后，从研究方法看，目前的研究多是对专书中的转折复句进行分类、统计，或是从某一方面对转折复句进行罗列和描写。这种静态的研究方法缺乏对转折复句各种特点成因的解释，不利于深化研究成果。

针对以上这些问题，在前人研究成果的基础上，本部分内容从历时的角度来审视汉语有标转折复句，试图通过考察其在各个历史时期的语用情况，全面而系统地描写其语用特点，进而揭示其发展变化的轨迹，并作出相关的解释，以期对汉语有标转折复句的历时演变有一个系统而清晰的认识。

5.2 关于汉语史的分期

关于汉语发展史的分期问题，各家始终持有不同观点，尤其是对中古汉语具体的起止时间存在分歧。以下为几家有代表性的观点：

吕叔湘曾以“文言”和“白话”为依据，对汉语史进行了划分，认为“以晚唐五代为界，把汉语的历史分成古代汉语和近代汉语两个大的阶段是比较合适的”[52]。

在此基础上，学界又进一步细分，基本倾向于把汉语史分为上古汉语、中古汉语、近代汉语和现代汉语四个时期。王力（1980）在《汉语史稿》中将汉语的历史分为：上古汉语时期（殷商—东汉末期）、中古汉语时期（魏晋—晚唐）、近代汉语时期（北宋—清中叶）和现当代汉语时期（五四运动至今）。[53]

日本学者志村良治将中古汉语定为“魏晋至唐末五代”，并进一步将六朝时期称为中古前期，将唐至五代时期称为中古后期。[54]

向熹参照吕叔湘和王力的观点，将中古时期定为“从公元4世纪到公元12世纪左右，即六朝、唐、宋时期”[55]。

蒋冀骋主编的《古代汉语》将汉语史分期为：“东汉以前为上古汉语；东汉至隋末唐初为中古汉语；晚唐五代到明末清初为近古汉语。”[56]

郭锡良（2013）“完全赞同王力先生（1980）的方案，只是认为应该增加远古（殷商时代的甲骨刻辞）、近古（南宋后半、元）两个时期”[57]。

综合王力和郭锡良的观点，本书大体据此分期：东汉以前为上古时期、魏晋南北朝至晚唐五代为中古时期、宋元为近古时期、明清为近代时期、五四以后为现当代时期。

本部分重点对汉语有标转折复句在以上几个时期的语用发展情况进行考察。考察发现，在不同历史时期，汉语有标转折复句的大体构成基本一致，但是转折关联标记及有标转折复句句式不尽相同，总体呈现出一个由少到多、由简单到复杂的过程，呈现出比较清晰的变化轨迹。

5.3 秦汉时期的汉语有标转折复句

秦汉时期的典籍资料很丰富，考察的语料主要选择春秋战国时期的《左传》《战国策》和汉代的《史记》《风俗通义》等典籍，共计 100 万字左右。根据杨伯峻、何乐士《古代汉语语法及其发展》，忽略转折连词和转折副词的差异，大致确定这一时期表转折的关联标记共有 22 种，主要有而、然、然而、则、然则、然且、唯、顾、反、乃、顾反、顾而、徒、亦、抑、否则；表让步的关联标记主要有：虽、固、宁、纵。[58] 统计发现，秦汉时期的有标转折复句句式共计出现 30 种，共计出现 3 264 例；其中单标式复句 19 种，出现 3 116 次，占总次数的 95.5%；配套式复句 11 种，出现 174 次，占 4.5%；多标式复句没有出现。考察表明，这一时期出现的有标转折复句有这样几个特点：

其一，复句句式少，语用频率高，分布不平衡。

由表 5-1 可以看到，以秦汉为代表的上古时期只出现突转类有标转折复句和让转类有标转折复句，还没有出现假转类有标转折复句；具体的复句句式仅 30 种；只出现单标式和配套式，没有出现多标式有标转折复句。不同句式语用频率的分布很不均衡，集中在少数几种高频句式上，多的高达千次，少的仅有几次。其中单标突转类式复句“……，而……”的语用频次最高，为 1 815 次。

具体用例如下：

表 5-1　秦汉时期有标转折复句使用情况统计

复句类别	复句句式	单标式	配套式	多标式
突转类	……，而……	1 815		
	……，然……	209		
	……，则……	27		
	……，然而……	36		
	……，然则……	15		
	……，然且……	3		
	……，唯……	143		
	……，乃……	37		
	……，反……	42		
	……，顾……	23		
	……，顾反……	5		
	……，顾而……	3		
	……，徒……	22		
	……，抑……	9		
	……，又……”	5		
让转类	虽……，……	645		
	虽……，而……		46	
	虽……，亦……		41	
	虽……，然……		36	
	虽……，然而……		8	
	虽……，犹……		7	
	虽……，则……		5	
	虽……，唯……		3	
	虽……，抑……		2	
	既……，而……		22	

表 5–1(续)

<table>
<tr><th>复句类别</th><th>复句句式</th><th>单标式</th><th>配套式</th><th>多标式</th></tr>
<tr><td rowspan="5">让转类</td><td>既……，然……</td><td></td><td>2</td><td></td></tr>
<tr><td>既……，又……</td><td></td><td>2</td><td></td></tr>
<tr><td>固……，……</td><td>38</td><td></td><td></td></tr>
<tr><td>宁……，……</td><td>21</td><td></td><td></td></tr>
<tr><td>纵……，……</td><td>20</td><td></td><td></td></tr>
<tr><td>假转类</td><td></td><td></td><td></td><td></td></tr>
<tr><td colspan="2" rowspan="3">合计（百分比）</td><td colspan="3">句式数 / 语用次数（语用频率）</td></tr>
<tr><td>19/3 116(95.5%)</td><td>11/174(4.5%)</td><td></td></tr>
<tr><td colspan="3">30/3 290(100%)</td></tr>
</table>

(1) 见公之足于户下，遂弑之，而立无知。(《左传·庄公八年》)

(2) 六月甲子，傅瑕杀郑子及其二子，而纳厉公。(《左传·庄公十四年》)

(3) 君举必书。书而不法，后嗣何观？(《左传·庄公二十三年》)

(4) 且王之地有尽而秦之求无已，以有尽之地而给无已之求，其势必无赵矣。(《史记》卷七十六平原君虞卿列传第十六)

(5) 昔者管仲相齐桓，霸诸侯，有九合一匡之功，而仲尼谓之不知礼，以其奢泰侈拟于君故也。(《史记》卷一百一十二平津侯主父列传第五十二)

(6) 单闻之，帝王之兵，所用者不过三万，而天下服

矣。(《战国策》卷二十赵三)

(7) 魏王谓芒卯曰："地已入数月，而秦兵不下，何也？"(《战国策》卷二十四魏三)

在以上秦汉时期典籍的用例中，"而"是转折连词，用于前、后分句之间，位于后分句的句首位置，表转折关系，转折语气较重，是一种典型的单标记突转句式。这种复句句式的用例非常多，是秦汉时期表示转折关系的主要句式。"而"是上古时期汉语转折复句中最常用的关联标记。

在考察的语料中，"而"共计出现12 981次，大部分用为并列义、顺承义连词，少部分用为转折义连词。关于连词"而"，学界的研究有不少，吕叔湘在《文言虚字》中对"而"进行了细致的分析，认为"而"的用法分为顺接、转接两类。顺接时"而"连接的前后两项之间是并列、顺承关系，转接时"而"连接的前后两项之间是转折关系。那么表顺接和表转接的"而"是什么关系呢？吕叔湘没有明说。根据历时语料考察表明，表转接的"而"来源于表顺接的"而"。在先秦时期，"而"的用法很多，其中主要用法就是表示并列关系和顺承关系，如：

(8) 宋华父督见孔父之妻于路，目逆而送之，曰："美而艳。"(《春秋左氏传·桓公二年》)

(9) 初，公傅夺卜齮田，公不禁。秋，八月辛丑，共仲使卜齮贼公于武闱。成季以僖公适邾。共仲奔莒，乃入，立之。以赂求共仲于莒，莒人归之。及密，使公子鱼请。不许，哭而往。(《春秋左氏传·闵公二年》)

(10) 从者曰："公子彭生也。"公怒，曰："彭生敢见！"射之。豕人立而啼。(《春秋左氏传·庄公八年》)

(11) 初，楚武王克权，使斗缗尹之，以叛，围而杀之。迁权于那处，使阎敖尹之。及文王即位，与巴人伐申，而惊其师。巴人叛楚而伐那处，取之，遂门于楚。(《春秋左氏传·庄公十八年》)

(12) 公欲平宋、郑。秋，公及宋公盟于句渎之丘。宋成未可知也，故又会于虚；冬，又会于龟。宋公辞平，故与郑伯盟于武父，遂帅师而伐宋，战焉，宋无信也。(《春秋左氏传·桓公十二年》)

最典型的并列关系是并列的两项之间的地位相等，并且位置可以互换，如上述例(8)~例(10)中的"美而艳""哭而往""豕人立而啼"，一般表示性质、状态或动作行为的并列存在。除此之外，"而"还可以表示两个动作行为或事件顺序发生，在时间这个序列上呈现出前后相继的顺承关系，如上述例(11)、例(12)中的"围而杀之""巴人叛楚而伐那处""遂帅师而伐宋"。"而"表顺承关系在秦汉语料中是最主要的用法。

上述例(8)~例(12)中的"而"连接的前后两项的性质、状态或动作、事件在语义上呈现出同时或顺序相关性，用为并列连词和顺承连词。但是当"而"的前后两项的性质、状态或动作、事件在语义上呈现出相对或相反关系时，"而"就可以理解为转折义，由表示并列、顺承关系向转折关系演变，"而"由表顺接发展到表转接。转折连词"而"在先秦时期就已形成，一般"而"主要出现在两种句法位置上，一是位于句中，表达事物或关系相反相对的两个方面，从而表现出转折的语义关系，相当于“却”，如：

(13) 故会以训上下之则，制财用之节贡赋多少；朝以正班爵之义，帅长幼之序；征伐以讨其不然。诸侯有王，王有巡守，以大习之。非是，君不举矣。君举必书。书而不法，后嗣何观？（《春秋左氏传·庄公二十三年》）

(14) 二年，春，虢公败犬戎于渭汭。舟之侨曰：“无德而禄，殃也。殃将至矣。”遂奔晋。（《春秋左氏传·闵公二年》）

(15) 宋人围曹，讨不服也。子鱼言于宋公曰：“文王闻崇德乱而伐之，军三旬而不降。退修教而复伐之，因垒而降。”（《春秋左氏传·僖公十九年》）

例(13)、例(14)中的“书而不法”“德而无禄”表达的是相反的两个方面，“而”表现为转接语义关系。如果是“书而法”“德而禄”，则表现为顺接语义关系。由此例可以看出，顺接语义关系是事物间正常的关系，转接语义关系则是非正常的关系。而人们对事物关系的认识，总是先认识到正常的，再到非正常的，这符合人类的认知心理规律。例(15)有四个“而”，除了“军三旬而不降”用为转接，其他三例皆为顺接，可以看出，“而”的顺接、转接用法非常普遍而灵活，但是顺接的用法要大大多于转接用法。

第二种是出现在小句句首，表示上下小句之间的转折关系，这一句法位置的出现是转折义词“而”形成后，所连接的句法成分由词不断类推和扩展到小句、句子而形成的，相当于转折连词

"但"。如：

(16) 晋侯赏从亡者，介之推不言禄，禄亦弗及。推曰："献公之子九人，唯君在矣。惠、怀无亲，外内弃之。天未绝晋，必将有主。主晋祀者，非君而谁？天实置之，而二三子以为己力，不亦诬乎？窃人之财，犹谓之盗，况贪天之功以为己力乎？下义其罪，上赏其奸；上下相蒙，难与处矣。"(《春秋左氏传·僖公二十四年》)

(17) 秋，八月丁卯，大事于太庙，跻僖公，逆祀也。于是夏父弗忌为宗伯，尊僖公，且明见曰："吾见新鬼大，故鬼小。先大后小，顺也。跻圣贤，明也。明、顺，礼也。"君子以为失礼。礼无不顺。祀，国之大事也，而逆之，可谓礼乎？(《春秋左氏传·文公二年》)

(18) 齐侯侵我西鄙，谓诸侯不能也。遂伐曹，入其郛，讨其来朝也。季文子曰："齐侯其不免乎？己则无礼，而讨于有礼者。"曰："女何故行礼？"礼以顺天，天之道也。己则反天，而又以讨人，难以免矣。(《春秋左氏传·文公十五年》)

例(16)～例(18)中的"而"都是位于前、后分句之间，后分句句首位置，承前分句表示转接语义关系，是典型的转折连词。"而"表示顺承关系与转折关系，也是吕叔湘在《文言虚字》中所说的顺接和转接，其语义关系的形成与上下文的语境义密切相关，同时人的主观性也促进了"而"由表示并列关系向顺承、转折关系演变。转折连词"而"在先秦时期就已形成，沿用至今。

秦汉时期语用频率次之的单标让转句式为“虽……，……”，出现645次。如：

(19) 虽欲救之，其将能乎？(《左传·隐公六年》)

(20) 许既伏其罪矣，虽君有命，寡人弗敢与闻。(《左传·隐公十一年》)

(21) 孔子曰：“长可妻也，虽在累绁之中，非其罪也。”以其子妻之。(《史记》卷六十七仲尼弟子列传第七)

(22) 于大国，虽公子，亦上卿送之。(《左传·桓公三年》)

(23) 左爽谓陈轸曰：“仪善于魏王，魏王甚信之，公虽百说之，犹不听也。公不如以仪之言变资，而得复楚。”(《战国策》卷十六楚三)

(24) 自是之后，诸吕惮朱虚侯，虽大臣皆依朱虚侯，刘氏为益强。(《史记》卷五十二齐悼惠王世家第二十二)

以上各例中，“虽”是让步关联标记，其句法位置位于复句前分句的句首位置或者主语、谓语之间，表示让步关系，而后分句中可以不出现相关的转折关联标记，但是其转折语义关系是很明确的，这是一种典型的单标记让转句式。

马建忠认为，“虽”是“所以推开上文而展拓他意”的“推拓连字”，可以使文意“层层展开，方有波折”，也就是让步关联标记。[6] 这个让步关联标记在承让的同时预示后面会出现转折，因此后分句可以不出现其他转折关联标记，也可以出现转折关联标记，明确显示转折关系。“虽”有表示实言的，相当于“虽然”，如例(19)～例(21);也有表示假言的,相当于“即使”,如例(22)～例(24)。

“虽”所关联的复句都表示让步转折关系,多数情况下都是前分句单独使用,有时后分句出现“不”“弗”“无”“亦”“岂”“必”“其”等副词和“虽”“互相呼应”。[59]如前文所述,表现为单标居端依赖式复句对后分句中副词的依赖性。在秦汉时期,让步关联标记“虽”主要和“而”“然”“然而”等转折连词关联呼应外,还可以和“亦”“犹”“则”“抑”等副词关联呼应,构成让转复句句式。但是使用频率都不高,分别为:“虽……,而……”46次,“虽……,亦……”41次,“虽……,然……”36次,“虽……,然而……”8次;“虽……,犹……”7次,“虽……,则……”5次,“虽……,唯……”3次,“虽……,抑……”2次。如:

(25)公玉带曰:“黄帝时虽封泰山,然风后、封钜、岐伯令黄帝封东泰山,禅凡山,合符,然后不死焉?”(《史记》卷十二孝武本纪第十二)

(26)又说魏襄王曰:“大王之地,南有鸿沟、陈、汝南、许、郾、昆阳、召陵、舞阳、新都、新郪,东有淮、颍、枣、无胥,西有长城之界,北有河外、卷、衍、酸枣,地方千里。地名虽小,然而田舍庐庑之数,曾无所刍牧。”(《史记》卷六十九苏秦列传第九)

(27)且夫秦之所欲弱者莫如楚,而能弱楚者莫如梁。楚虽有富大之名而实空虚;其卒虽多,然而轻走易北,不能坚战。悉梁之兵南面而伐楚,胜之必矣。(《史记》卷

七十张仪列传第十）

（28）燕故贵人豪杰谓韩广曰：“楚已立王，赵又已立王。燕虽小，亦万乘之国也，愿将军立为燕王。”韩广曰：“广母在赵，不可。”（《史记》卷四十八陈涉世家第十八）

（29）子产相郑伯以如晋，叔向问郑国之政焉。对曰：“吾得见与否，在此岁也。驷、良方争，未知所成。若有所成，吾得见，乃可知也。”叔向曰：“不既和矣乎？”对曰：“伯有侈而愎，子好在人上，莫能相下也。虽其和也，犹相积恶也，恶至无日矣。”（《春秋左氏传·襄公三十年》）

（30）八月，寡君又往朝。以陈、蔡之密迩于楚，而不敢贰焉，则敝邑之故也。虽敝邑之事君，何以不免？在位之中，一朝于襄，而再见于君。夷与孤之二三臣相及于绛。虽我小国，则蔑以过之矣。（《春秋左氏传·文公十七年》）

（31）对曰：“吾由子事公孟，子假吾名焉，故不吾远也。虽其不善，吾亦知之；抑以利故，不能去，是吾过也。今闻难而逃，是僭子也。子行事乎，吾将死之，以周事子；而归死于公孟，其可也。”（《春秋左氏传·昭公二十年》）

在秦汉时期，前分句的让步关联标记“虽”还可以和后分句中的反问语气关联呼应，构成让转复句句式。表现为单标居端依赖式复句对后分句句子语气的依赖性。如：

（32）齐侯将行，庆封曰：“我不与盟，何为于晋？”陈文子曰："先事后贿，礼也。小事大，未获事焉，从之如志，礼也。虽不与盟，敢叛晋乎？重丘之盟，未可忘也。子其劝行！"（《春秋左氏传·襄公二十八年》）

(33) 秋，又取成周之禾。周、郑交恶。君子曰："信不由中，质无益也。明恕而行，要之以礼，虽无有质，谁能间之？"（《春秋左氏传·隐公三年》）

(34) 太史公曰：吾适故大梁之墟，墟中人曰："秦之破梁，引河沟而灌大梁，三月城坏，王请降，遂灭魏。"说者皆曰魏以不用信陵君故，国削弱至于亡，余以为不然。天方令秦平海内，其业未成，魏虽得阿衡之佐，曷益乎？（《史记》卷四十四魏世家第十四）

(35) 景公问政孔子，孔子曰："君君，臣臣，父父，子子。"景公曰："善哉！信如君不君，臣不臣，父不父，子不子，虽有粟，吾岂得而食诸！"（《史记》卷四十七孔子世家第十七）

以上几例皆是以后分句的反问语气与前分句中的让步关联标记"虽"相呼应，构成让转句式。"敢叛晋乎？""谁能间之？""曷益乎？""吾岂得而食诸！"等用反问的方式表达出逆前分句预期的结果。这种居端单标让转句式对后分句句子语气的依赖，在秦汉时期已大量出现。除了在"虽……，……"句式中有大量用例外，在"固……，……"、"纵……，……"等单标让转类句式中也有一定的用例。这种用法一直延续到现代汉语中，前文已有论述。

(36) 沛公默然，曰："固不如也，且为之奈何？"（《史

记》卷七项羽本纪第七)

(37) 王惧然骇曰:“寡人何敢如是?今主上虽急,固有死耳,安得不戴?”(《史记》卷一百六吴王濞列传第四十六)

(38) 对曰:“吾一妇人,而事二夫,纵弗能死,其又奚言?”(《左传·庄公十四年》)

(39) 士弥牟曰:“晋之从政者新,子姑受功,归,吾视诸故府。”仲几曰:“纵子忘之,山川鬼神其忘诸乎?”(《左传·定公元年》)

(40) 项王笑曰:“天之亡我,我何渡为!且籍与江东子弟八千人渡江而西,今无一人还,纵江东父兄怜而王我,我何面目见之?纵彼不言,籍独不愧于心乎?”(《史记》卷七项羽本纪第七)

再次,单标突转句式“……,然……”的使用频率也比较高,出现209例。关于“然”,最初是用为代词,用于回指前文叙述的情况,相当于现在的“这样”。用为关联标记是后起的用法。吕叔湘在《中国文法要略》中论及“转折关系词”时说:“‘然’字的开始盛行在‘然而’之后,我们可以说它是‘然而’之省。”[9] 也就是说,“然”作转折连词要晚于“然而”。王力在《汉语语法史》中指出:“直到汉代以后,‘然’字才单独用作转捩连词。”[60] 也认为“然”作转折连词要晚于“然而”。刘利(2005)认为,“然”和“然而”在上古时期大致平行演变为转折连词。[61] 朱城(2007)通过对《左传》等五部先秦文献的考查认为,“然”由回指代词演变为转折连词,先有了表转折的用法,然后才与连词“而”结合,形成同义并列复合词；“然”与“然而”成为转折连词的时间虽有早晚之别，但不会相去很远。[62] 考查表5-1显示，在秦汉时期的典籍中，转折句式“……，然……”209次，“……，然而……”36次，“……，然则……”15次，“……，然且……”3次。单音节的转折关联标记“然”的使用频率要远远高于双音节的转折关联标记“然而、然则、然且”，使用频率的巨大差异表明，是先有转折连词“然”，后来才出现双音连词“然而”等。这也符合古代汉语向现代汉语演变的双音化趋势。如：

（41）陈平智有余，然难以独任。（《史记》卷八高祖本纪第八）

（42）涉佗曰：“夫子则勇矣，然我往，必不敢启门。”（《左传·定公十年》）

（43）成安君陈余弃将印去，不从入关，然素闻其贤，有功于赵，闻其在南皮，故因环封三县。（《史记》卷七项羽本纪第七）

（44）夫秦非不利有齐而得宋地也，然其所以不受者，不信齐王与苏秦也。（《战国策》卷二十二魏一）

（45）文侯曰：“子言则可，然吾国小，西迫强赵，南近齐，齐、赵强国也。”（《史记》卷六十九苏秦列传第九）

与转折句式“……，而……”的用法差不多，“然”主要用于复句前、后分句之间，位于后分句的句首位置，表转折关系，转折语气较重，也是一种典型的单标突转句式。如例（41）前分句首先指明“陈平智有余”，必会引起正向预期“可以委以重任”，但事实是“难以独任”，因此后分句用“然”引出这一事实，完全轶出了前分句的预期，构成转折关系复句。可知，这里的“然”必是转折连词无疑，相当于“但”或“却”。其他几例中的“然”皆是如此。

由于“然”和“而”所处的句法环境和句法功能差不多，都是经常出现在前、后分句之间，表承前逆接关系，因此在上古时期就结合成了复合转折标记“然而”，标示复句分句间的重转关系，在长期的高频率的语用过程中，进而形成一个双音化的转折连词。关于双音节转折连词“然而”的形成过程，刘利（2008）有比较详细的论述[63]，本书也同意其观点。秦汉时期语料中，“……，然而……”句式出现36次，如：

（46）秦之所害于天下者莫如赵，然而秦不敢举兵伐赵者，何也？（《史记》卷六十九苏秦列传第九）

（47）城郭不集，沟池不掘，固塞不树，机变不张，然而国晏不畏外而固者，无他故焉，明道而均分之，时使而诚爱之，则下应之如景响。（《史记》卷二十三礼书第一）

（48）鞅复见孝公，益愈，然而未中旨。（《史记》卷六十八商君列传第八）

（49）古者之兵，戈矛弓矢而已，然而敌国不待试而诎。（《史记》卷二十三礼书第一）

（50）故妾一僵而覆酒，上存主父，下存主母，然而不免于笞恶在乎忠信之无罪也？（《史记》卷六十九苏秦列传第九）

(51) 夏育、太史启叱呼骇三军，然而身死于庸夫。此皆乘至盛不及道理也。(《战国策》卷五秦三)

以上各例中的“然而”均是表示转折语义关系，其中的“然”和“而”都可以表示转折语义关系，表现在去掉其中任何一个，前、后分句的转折语义关系仍然是明确的，因此，可以认为“然而”是由转折关联标记“然”和“而”复合而成的双音节转折关联标记。

与“然而”相类似，“然则”“然且”也有相似的形成过程。秦汉时期语料中，“……，然则……”句式出现15次，“……，然且……”句式出现3次。

其二，单标句式多，语用频率高；配套句式少，语用频率低。

秦汉时期统计的30种复句句式中，19种是单标句式，它们的语用次数高达3 122次，占总次数的95.5%；除上面所述的4种外，还有“……，唯……”143次；“固……，……”38次；“……，则……”27次；“宁……，……”21次；“纵……，……”20次；“……，顾……”23次；“……，徒……”22次；“……，抑……”9次；“……，又……”5次。

(52) 子雅召子旗，使见宣子。宣子曰：“非保家之主也，不臣。”见子尾。子尾见强，宣子谓之如子旗。大夫多笑之，唯晏子信之，曰：“夫子，君子也。君子有信，其有以知之矣。”(《左传·昭公二年》)

(53) 庚寅，郑子国、子耳侵蔡，获蔡司马公子燮。郑人皆喜，唯子产不顺，曰：“小国无文德而有武功，祸莫

大焉。楚人来讨，能勿从乎？从之，晋师必至。晋、楚伐郑，自今郑国不四、五年弗得宁矣。”(《左传·襄公八年》)

(54) 范宣子告析文子，曰：“吾知子，敢匿情乎？鲁人、莒人皆请以车千乘自其乡入，既许之矣。若入，君必失国。子盍图之！”子家以告公。公恐。晏婴闻之，曰：“君固无勇，而又闻是，弗能久矣。”(《左传·襄公十八年》)

(55) 今赵亡，秦王王，则武安君必为三公，君能为之下乎？虽无欲为之下，固不得已矣。(《史记》卷七十三白起王翦列传第十三)

(56) 齐侯使晏婴请继室于晋，寡君使婴曰：“寡人愿事君朝夕不倦，将奉质币以无失时，则国家多难，是以不获。”(《左传·昭公三年》)

(57) 子皮尽用其币。归，谓子羽曰：“非知之实难，将在行之。夫子知之矣，我则不足。《书》曰：‘欲败度，纵败礼’，我之谓矣。夫子知度与礼矣，我实纵欲，而不能自克也。”(《左传·昭公十年》)

(58) 潘党望其尘，使骋而告曰：“晋师至矣！”楚人亦惧王之入晋军也，遂出陈。孙叔曰：“进之！宁我薄人，无人薄我。”(《左传·宣公十二年》)

(59) 赵孟曰：“晋国有命，始祸者死，为后可也。”安于曰：“与其害于民，宁我独死。请以我说。”赵孟不可。(《左传·定公十三年》)

(60) 士弥牟曰：“晋之从政者新，子姑受功，归，吾

视诸故府。”仲几曰：“纵子忘之，山川鬼神其忘诸乎？”（《左传·定公元年》）

（61）项王笑曰：“天之亡我，我何渡为！且籍与江东子弟八千人渡江而西，今无一人还，纵江东父兄怜而王我，我何面目见之？纵彼不言，籍独不愧于心乎？”（《史记》卷七项羽本纪第七）

（62）诸将效首虏，（休）毕贺，因问信曰：“兵法右倍山陵，前左水泽，今者将军令臣等反背水陈，曰破赵会食，臣等不服。然竟以胜，此何术也？”信曰：“此在兵法，顾诸君不察耳。兵法不曰‘陷之死地而后生，置之亡地而后存’？（《史记》卷九十二淮阴侯列传第三十二）

（63）南梁之难，韩氏请救于齐。田侯召大臣而谋曰：“早救之，孰与晚救之便？”张丐对曰：“晚救之，韩且折而入于魏，不如早救之。”田臣思曰：“不可。夫韩、魏之兵未弊，而我救之，我代韩而受魏之兵，顾反听命于韩也。（《战国策》卷八齐一）

（64）二十五年，旱，作高门。屈宜臼曰：“昭侯不出此门。何也？不时。吾所谓时者，非时日也，人固有利不利时。昭侯尝利矣，不作高门。往年秦拔宜阳，今年旱，昭侯不以此时恤民之急，而顾益奢，此谓‘时绌举赢’。”二十六年，高门成，昭侯卒，果不出此门。子宣惠王立。（《史记》卷四十五韩世家第十五）

（65）臣闻忠无不报，信不见疑，臣常以为然，徒虚语耳。昔者荆轲慕燕丹之义，白虹贯日，太子畏之；卫先生为秦画长平之事，太白蚀昴，而昭王疑之。夫精变天地而信不喻两主，岂不哀哉！（《史记》卷八十三鲁仲连邹阳列传第二十三）

(66) 功臣皆曰："臣等身被坚执锐，多者百余战，少者数十合，攻城略地，大小各有差。今萧何未尝有汗马之劳，徒持文墨议论，不战，顾反居臣等上，何也？"（《史记》卷五十三萧相国世家第二十三）

(67) 籍曰："书足以记名姓而已。剑一人敌，不足学，学万人敌。"于是项梁乃教籍兵法，籍大喜，略知其意，又不肯竟学。（《史记》卷七项羽本纪第七）

(68) 始皇至沙丘崩，秘之，群臣莫知。是时丞相李斯、公子胡亥、中车府令赵高常从。高雅得幸于胡亥，欲立之，又怨蒙毅法治之而不为己也。（《史记》卷八十八蒙恬列传第二十八）

配套句式仅有11种，语用次数共计174次，其中有8种句式是由让步关联标记"虽"和其他转折关联标记配套构成的，语用频率相对较高。其中"虽……，而……"句式出现46次，如：

(69) 今君虽终，言犹在耳，而弃之，若何？（《左传·文公七年》）

(70) 今秦虽破长平军，而秦卒死者过半，国内空。（《史记》卷七十三白起王翦列传第十三）

(71) 虽有胜秦之名，而国破矣！是何故也？秦强而

赵弱也。(《战国策》卷八齐一)

(72) 匈奴虽病，远去，而汉亦马少，无以复往。(《史记》卷一百十匈奴列传第五十)

(73) 臣闻之，齐与鲁三战鲁三胜，国以危亡随其后，虽有战胜之名，而有亡国之实。(《史记》卷七十张仪列传第十)

“虽……，亦……”句式出现41次，如：

(74) 楚虽无德，亦不艾杀其民。(《左传·哀公元年》)

(75) 王虽弗遂，宴乐以早，亦非礼也。(《左传·僖公三十一年》)

(76) 寡人虽死，亦无悔焉。(《左传·隐公三年》)

(77) 于大国，虽公子，亦上卿送之。(《左传·桓公三年》)

(78) 王则有令，而臣太守，虽王与子，亦其猜焉。(《战国策》卷十八赵一)

(79) 曰：“我虽死，公亦病矣。”(《史记》卷三十九晋世家第九)

“虽……，然……”句式出现36次，如：

(80) 太史公曰：鲁连其指意虽不合大义，然余多其在布衣之位，荡然肆志，不诎于诸侯，谈说于当世，折卿相之权。(《史记》卷八十三鲁仲连邹阳列传第二十三)

(81) 赵使还报王曰：“廉将军虽老，尚善饭，然与臣坐，顷之三遗矢矣。”(《史记》卷八十一廉颇蔺相如列传第

二十一)

(82) 臣之所以待之，至浅鲜矣，未有大功可以称者，严仲子奉百金为亲寿，我虽不受，然是者徒深知政也。(《史记》卷八十六刺客列传第二十六)

(83) 荆轲虽游于酒人乎，然其为人沈深好书；其所游诸侯，尽与其贤豪长者相结。(《史记》卷八十六刺客列传第二十六)

“虽……，然而……”句式仅出现8次，如：

(84) 其卒虽多，然而轻走易北，不能坚战。(《史记》卷七十张仪列传第十)

(85) 秦虽辟远，然而心忿悁含怒之日久矣。(《战国策》卷十九赵二)

(86) 地名虽小，然而庐田庑舍，曾无所刍牧牛马之地。(《战国策》卷二十二魏一)

(87) 今日郑君不可得为也，虽重申相之焉，然而吾弗为云者，岂不为过谋哉！(《战国策》卷二十八韩三)

以上用例皆是典型的前后标记配套的让转句式复句，复句的前分句用让步关联标记“虽”表示让步，姑且承认某种情况的存在，后分句则用“而、亦、然、然而”等转折关联标记表示转折，表示后分句的逻辑语义关系不以前分句表示的条件为转移，偏离或者轶出了前分句的心理预期，从而形成让转关系复句。从上面的用例中可以看出，如果前分句是首发句，让步标记“虽”不能位于前分句的句首，而必须位于前分句的主语之后主语、谓语之间；如果前分句不是首发句而是后续句，则“虽”可以位于分句之首，因为根据上下文语境可以看出，该分句是承前省略了主语，如例(87)。

和让转标记“虽”配套构成的让转句式还有“虽……，犹……”“虽……，则……”“虽……，唯……”“虽……，抑……”等，但是语用频率都不高。如：

(88) 罕夷曰：“尨奇无常，金玦不复。虽复何为？君有心矣。”先丹木曰：“是服也，狂夫阻之。曰尽敌而反，敌可尽乎？虽尽敌，犹可内谗，不如违之。”(《左传·闵公二年》)

(89) 观从谓子干曰：“不杀弃疾，虽得国，犹受祸也。”子干曰：“余不忍也。”(《左传·昭公二年》)

(90) 今秦攻齐则不然，倍韩、魏之地，至闱阳晋之道，径亢父之险，车不得方轨，马不得并行，百人守险，千人不能过也。秦虽欲深入，则狼顾，恐韩、魏之议其后也。(《战国策》卷八齐一)

(91) 齐攻宋，则楚必攻宋，魏必攻宋，燕、赵助之。五国据宋，不至一二月，阴必得矣。得阴而构，秦虽有变，则无患矣。若不得已而必构，则愿五国复坚约。(《战国策》卷二十一赵四)

(92) 子之三年，燕国大乱，百姓恫怨，将军市被、太子平谋，将攻子之。储子谓齐宣王：“因而仆之，破燕必矣。”王因令人谓太子平曰：“寡人闻太子之义，将废私

而立公，饬君臣之义，正父子之位，寡人之国小，不足先后。虽然，则唯太子所以令之。”（《战国策》卷二十九燕一）

（93）初，齐豹见宗鲁于公孟，为骖乘焉。将作乱，而谓之曰：“公孟之不善，子所知也，勿与乘，吾将杀之。”对曰：“吾由子事公孟，子假吾名焉，故不吾远也。虽其不善，吾亦知之；抑以利故，不能去，是吾过也。”（《左传·昭公二十年》）

除了围绕让转标记“虽”构成配套让转句式外，秦汉时期语料中，关联标记“既”的出现频率也非常高，共计出现730次，主要用为时间副词，相当于“已经”，如“秦王既没，余威振于殊俗”（《史记》卷六秦始皇本纪第六）。“既”也可以和“又、且、也”等副词呼应使用，表示几种情况兼而有之，形成并列关系复句，如“君子既得其养，又好其辨也”（《史记》卷二十三礼书第一）。只有少部分用为让步连词，和“而、又、然”等配合构成让转类句式，“既”用在前分句，先对现实或已有的结论予以承认，后分句用“而、又、然”等转折关联标记引出逆预期的事实。这种句式用例也不多，“既……，而……”22次；“既……，又……”2次；“既……，然……”2次。如：

（94）数岁，天汉二年秋，贰师将军李广利将三万骑击匈奴右贤王于祁连天山，而使陵将其射士步兵五千人出居延北可千余里，欲以分匈奴兵，毋令专走贰师也。陵既至期还，而单于以兵八万围击陵军。陵军五千人，兵矢既尽，士死者过半，而所杀伤匈奴亦万余人。（《史记》

卷一百九李将军列传第四十九）

（95）孙膑尝与庞涓俱学兵法。庞涓既事魏，得为惠王将军，而自以为能不及孙膑，乃阴使召孙膑。膑至，庞涓恐其贤于己，疾之，则以法刑断其两足而黥之，欲隐勿见。（《史记》卷六十五孙子吴起列传第五）

（96）亚夫笑曰："臣之兄已代父侯矣，有如卒，子当代，亚夫何说侯乎？然既已贵如负言，又何说饿死？指示我。"（《史记》卷五十七绛侯周勃世家第二十七）

（97）大将军青既益尊，姊为皇后，然黯与亢礼。人或说黯曰："自天子欲群臣下大将军，大将军尊重益贵，君不可以不拜。"（《史记》卷一百二十汲郑列传第六十）

（98）王曰："大德灭小怨，道也。"申包胥曰："吾为君也，非为身也。君既定矣，又何求？且吾尤子旗，其又为诸？"（《左传·定公五年》）

其三，许多后世常见的转折关联标记尚未出现。

考察发现，秦汉时期，许多后世常见的转折关联标记尚未出现。如今天典型的转折关联标记"却、但、但是、倒、不然、不过、否则"等，让步关联标记"虽然、即使"等也未出现。有的已有使用，但大部分还用为实词或者实词结构，还没有用为转折连词或者转折副词，作为关联标记。如：

（99）夫救赵，高义也；却秦兵，显名也。（《史记》卷四十六田敬仲完世家第十六）

(100) 四年，秦攻番吾，李牧与之战，却之。(《史记》卷四十三赵世家第十三)

(101) 乃使蒙恬北筑长城而守藩篱，却匈奴七百余里，胡人不敢南下而牧马，士亦不敢贯弓。(《史记》卷六秦始皇本纪第六)

(102) 苏秦谓齐王曰："不如听之以却秦兵，不听则秦兵不却，是秦之计中，而齐、燕之计过矣。(《战国策》卷九齐二)

以上几例中的"却"皆用为动词，"却秦兵""却之""却匈奴七百余里""不如听之以却秦兵"皆为动宾结构，"却"的意义相当于"退却""使退却"，还没有用为转折副词。

(103) 匈奴匿其壮士肥牛马，但见老弱及羸畜。(《史记》卷九十九刘敬叔孙通列传第三十九)

(104) 今二家之子，幸非元恶，但望诚心内发，哀情外露，义动君子，合礼中矣。(《风俗通义》第五)

(105) 因伏伺，见凫，举罗张之，但得一双鞋耳。(《风俗通义》第二)

(106) 其后饮醉形坏，但得老狗，便朴杀之，推问里头，沽酒家狗。(《风俗通义》第九)

以上几例中的"但"皆用为范围副词，相当于"仅仅、只"，位于谓语动词前做状语，也还没有用为转折连词。

(107) 既而与为公介，倒戟以御公徒而免之。(《左传·

宣公二年》)

(108) 殷事已毕，偃革为轩，倒置干戈，覆以虎皮，以示天下不复用兵。(《史记》卷五十五留侯世家第二十五)

(109) 伍子胥曰："为我谢申包胥曰，吾日暮途远，吾故倒行而逆施之。"(《史记》卷六十六伍子胥列传第六)

(110) 田需贵于魏王，惠子曰："子必善左右。今夫杨，横树之则生，倒树之则生，折而树之又生。然使十人树杨，一人拔之，则无生杨矣。(《战国策》卷二十三魏二)

以上几例中的"倒"用为动词，相当于"上下颠倒、前后颠倒或者使向相反的方向移动或颠倒"，后面直接和名词构成动宾结构，如例(107)"倒戟以御公徒而免之"；也可以和其他动词并列，然后和名词构成动宾结构，如例(108)"倒置干戈"。此时的"倒"也还没有用为转折副词。

(111) 对曰："君何患焉？若阙地及泉，隧而相见，其谁曰不然？"(《左传·隐公元年》)

(112) 赴以名，则亦书之，不然则否，辟不敏也。(《左传·隐公十年》)

(113) 语曰："庸主赏所爱而罚所恶；明主则不然，赏必加于有功，而刑必断于有罪。"(《史记》卷七十九范睢蔡泽列传第十九)

(114) 对曰："今谓马多力则有矣，若曰胜千钧则不然者，何也？夫千钧非马之任也。(《战国策》卷十七楚四)

以上几例中的“不”是否定副词，“然”是指示代词，“不然”是一个跨界词语组合，相当于“不是这样”。一般是否定上文出现的情况。此时的“不然”也还没有用为转折连词。

(115) 汤、武之卒不过三千人，车不过三百乘，立为天子。(《战国策》卷十九赵二)

(116) 周之王也，制礼，上物不过十二，以为天之大数也。(《左传·哀公七年》)

(117) 先王之制：大都，不过参国之一；中，五之一；小，九之一。(《左传·隐公元年》)

(118) 沛公谓张良曰：“从此道至吾军，不过二十里耳。”(《史记》卷七项羽本纪第七)

与“不然”类似，以上几例中的“不”是否定副词，“过”是动词，“不过”是一个跨界词语组合，相当于“不超过”。一般是否定事物某方面的情况不超过某标准或范围。此时的“不过”也还没有用为转折连词。

(119) 孙林父以戚如晋。书曰“入于戚以叛”，罪孙氏也。臣之禄，君实有之。义则进，否则奉身而退。专禄以周旋，戮也。(《左传·昭公二十八年》)

(120) 故人所善宾客皆分奉禄以给之，无有所余。诚内自克约而外从制。汲黯诘之，乃闻于朝，此可谓减于制度而可施行者也。德优则行，否则止，与内奢泰而外为诡服以钓虚誉者殊科。(《史记》卷一百一十二平津侯主父列

传第五十二)

(121) 穆子曰:“吾闻诸叔向曰:‘好恶不愆，民知所适，事无不济。’或以吾城叛，吾所甚恶也；人以城来，吾独何好焉？赏所甚恶，若所好何？若其弗赏，是失信也，何以庇民？力能则进，否则退，量力而行。吾不可以欲城而迩奸，所丧滋多。”(《左传·昭公十五年》)

“否则”在秦汉时期的语料中出现6次，都是“否”+“则”的形式，从上例的“义则进，否则奉身而退”“德优则行，否则止”“力能则进，否则退”等用例可以看出，“否”均是对前文讨论的情况“义”“德优”“力能”进行否定，“则”是顺承连词，承接对前文否定出现的情况:“不义则奉身而退”“德劣则止”“力不能则进”。前、后分句围绕“则”构成前后对称的结构，表示相反相承的两种境况。“否则”还是跨界结构，没有凝固为假转连词。结构上比较松散，语音上“否”后面可以有停顿。上例可以改写为:“义则进，否，则奉身而退”“德优则行，否，则止”“力能则进，否，则退”。在《国语》中也有类似的用例，围绕“则”构成的结构更简洁、更对称。如“道之以文，行之以顺，勤之以力，致之以死。听则进，否则退。”(《国语》卷十五晋语九)中的“听则进，否则退”。从“否则退”和“听则进”的对称性结构，可以明显看出“否”是对“听”的否定，意为“不听”，两个“则”都是顺承连词。

另外，正因为此时期“否则”还是“否”+“则”的松散形式，因此二者还可以颠倒位置成“则否”的形式，“否”很明显仅仅是表示“否定”，否定前分句“则”后面论述的情况。如:

(122) 太史公曰：夫以郑之贤，有势则宾客十倍，无势则否，况众人乎！(《史记》卷一百二十汲郑列传第六十)

(123) 卫人来媵共姬，礼也。凡诸侯嫁女，同姓媵之，异姓则否。(《左传·成公八年》)

与“不然”“否则”类似，秦汉时期“虽然”中的“虽”是表示让步的连词，相当于“虽然、即使”，表示事实性的或者虚拟性的让步，“然”是指示代词，回指上文讨论的情况，“虽然”是一个跨界词语组合，相当于“虽然这样、即使如此”。“虽然”承接上文，后有停顿，相当于现在的承让小句。此时的“虽然”也还没有用为转折连词。如：

(124) 诸将谓齐湣王曰：“因而赴之，破燕必矣。”齐王因令人谓燕太子平曰：“寡人闻太子之义，将废私而立公，饬君臣之义，明父子之位。寡人之国小，不足以为先后。虽然，则唯太子所以令之。”(《史记》卷三十四燕召公世家第四)

(125) 苏代谓魏王曰:“欲玺者段干子也，欲地者秦也。今王使欲地者制玺，使欲玺者制地，魏氏地不尽则不知已。且夫以地事秦，譬犹抱薪救火，薪不尽，火不灭。”王曰:“是则然也。虽然，事始已行，不可更矣。”(《史记》卷四十四魏世家第十四)

(126) 周王赧使武公谓楚相昭子曰：“三国以兵割周郊地以便输，而南器以尊楚，臣以为不然。夫弑共主，臣世君，大国不亲；以众胁寡，小国不附。大国不亲，小国不附，不可以致名实。名实不得，不足以伤民。夫有图周之声，非所以为号也。”昭子曰：“乃图周则无之。虽然，周何故不可图也？”（《史记》卷四十楚世家第十）

（127）周绍曰：“乃国未通于王胡服。虽然，臣，王之臣也，而王重命之，臣敢不听令乎？”再拜，赐胡服。（《战国策》卷十九赵二）

从上面这些例句中可以看出，在秦汉时期，“却、倒、不过”还用为动词，直接用在名词或者名词短语前，分别表示一种行为动作；“但”用为“仅仅、只”，“不然、虽然”用为短语“不是这样、虽然这样”，它们都表示特定的实在意义，还不是转折关联标记。“但是、只是”等语用形式尚未出现。

据管燮初研究，西周金文虽也有并列、递进、条件、让步、因果、假设等复句，但还没有连接复句的双音节关联词语和成对的关联词语，只有一些单音节连词和兼有承上启下的单音节副词，如“则”“故”等，使前、后小句相呼应。[64] 李维琦在《〈尚书·盘庚〉语法》中说：“《尚书·盘庚篇》复句多的是并列、顺承二种，假设复句也算有了一个样子，其余就只是有那么一点而已。条件复句、让步复句、选择复句、时间复句等，都未出现。”[65]

总的来看，在秦汉时期，汉语转折复句已大量出现，比西周金文时期已有很大的变化，但是由于用来表示让步和转折关系的标记还很有限。从关联标记来看，仍然以单音节关联标记为主体，共出现 13 个；双音节关联标记出现 6 个。很明显，双音节关联标记是由单音节关联标记组合而成的，如单音节的“然”“而”“则”

“顾”组合成“然而”“然则”“顾而”等。从关联标记的使用来看，仍然以单标记突转类句式为主，共有19种；成对关联标记构成的让转类句式只有8种。“却、但、但是、倒、不然、不过、否则”等许多后世常见的转折关联标记尚未出现，还处于实词阶段。因此这一时期的汉语有标转折复句的特点是：无论是转折关联标记还是有标转折复句句式数量都不高；单音节单标句式多，语用频率高；双音节配套句式少，语用频率低。

5.4 魏晋至唐五代时期的汉语有标转折复句

魏晋至唐五代时期，也就是中古时期，主要以《世说新语》[(南朝)刘义庆]、《北齐书》[(唐)李百药]、《敦煌变文》(五代)、《祖堂集》(五代)等文献作为考察语料，共计100余万字。考察发现，与秦汉时期相比，这一时期出现的转折关联标记和转折复句句式大量增加，其中转折关联标记29种，构成的转折复句句式52种，是秦汉时期的两倍多，但是语用次数却比秦汉时期低得多，仅1 494次。具体统计数据如表5-2所示。魏晋至唐五代时期的汉语有标转折复句具有以下特点。

其一，复句句式增多，语用次数降低，分布较为平衡。

随着汉语的不断发展，转折关联标记不断出现，这一时期，汉语转折关联标记增至29种，有标转折复句句式增至52种，但语用次数总计才1 494次，除了极少数几种句式的语用次数稍微高些外，大部分句式的语用次数比较低而均衡。如果复句总量保持相对平衡的话，复句句式增加，必然会带来具体句式的语用频率降低，二者呈反向变化关系。这一时期语用频率最高的句式是单标记让转句式“虽……，……”，出现437次，其用例如：

表5-2　魏晋至唐五代时期汉语有标转折复句使用情况统计

复句格式	复句句式（因版面限制，类似句式并置）	语用次数		
		单标式	配套式	多标式
突转类	……，而……	261		
	……，却……	174		
	……，然……	77		
	……，然而……	3		
	……，然则……	3		
	……，但……	72		
	……，只是……	52		
	……，也……	10		
	……，争奈……	6		
让转类	虽……，……	437		
	虽……，而/亦/犹/然……		64/25/16/14	
	虽……，但/也/却……		3/3/1	
	虽……，只是/争奈……		1/1	
	虽然/然虽……，……	70/3		
	……，虽然……	2		
	虽然……，犹/却/亦/也/争奈……		6/2/2/1/1	
	虽则……，……	9		
	……，虽则……	1		
	虽则……，犹/但……		1/1	
	任……，……	28		
	……，任……	6		
	纵……，……	42		

表 5-2(续)

复句格式	复句句式（因版面限制，类似句式并置）	语用次数		
		单标式	配套式	多标式
让转类	纵……，亦 / 却 / 也 / 犹 / 但……		13/4/2/1/1	
	纵然……，……	7		
	纵然……，亦……		2	
	纵虽……，……	1		
	纵虽……，犹……		1	
	纵使……，……	7		
	纵令……，……	5		
	饶纵……，……	1		
	即……，……	22		
	虽即……，……	10		
	然即……，……	4		
	只管……，……	3		
	固……，……	8		
假转类	……，除非……	4		
合计（百分比）		句式数 / 语用次数 / 语用频率		
		29/1 328/89%	23/166/11%	
		52/1 494/100%		

(1) 晏婴虽小，能谋虎狼之臣。有德不假年高，无智徒劳百岁。(《敦煌变文集新书》降魔变文一卷)

(2) 小女虽居闺禁，忽闻乞食之声，良为敬重尤深，奔走出于门外，五轮投地，瞻礼阿难。(《敦煌变文集新书》降魔变文一卷)

(3) 单于怕急，不敢登前，马上逡巡，报左右曰：“急守趁贼来。大家疲乏，虽行千里，约损万人。纵得汉兵，知将何用！不如早回却。”(《敦煌变文集新书》李陵变文)

(4) 晏子对王曰：“剑虽三尺，能定四方，麒麟虽小，圣君瑞应；箭虽小，煞猛虎；小锤能鸣大鼓。方知此言见大何益！”(《敦煌变文集新书》晏子赋)

以上各例中的让步标记“虽”既可用于句首主语之前也可用于主语、谓语之间。当前、后分句的主语一致时，让步关联标记“虽”一般位于主语、谓语之间；当前、后分句的主语不一致时，让步关联标记“虽”一般位于主语之前。统计发现位于主语、谓语之间的用例要多得多，可以看作典型的常规位置；而“虽”位于句首位置则其后不出现主语，可以看成承前省略的结果。

秦汉时期语用频率最高的单标记突转复句句式“……，而……”，在这一时期大大降低，仅出现261次。其具体用例如：

(5) 顾荣在洛阳，尝应人请，觉行炙人有欲炙之色，因辍己施焉，同坐嗤之。荣曰：“岂有终日执之，而不知其味者乎?”(《世说新语》德行第一)

(6) 顾悦与简文同年，而发早白。简文曰：“卿何以先白?”对曰：“蒲柳之姿，望秋而落；松柏之质，经霜弥茂。”(《世说新语》言语第二)

(7) 殷仲文天才宏赡，而读书不甚广博，亮叹曰：“若使殷仲文读书半袁豹，才不减班固。”(《世说新语》文学第四)

秦汉时期另一重要的单标记突转句式"……，然……"，在这一时期的语用频率也大大降低，仅出现77例。具体用例如：

(8) 小庾临终，自表以子园客为代。朝廷虑其不从命，未知所遣，乃共议用桓温。刘尹曰："使伊去，必能克定西楚，然恐不可复制。"(《世说新语》识鉴第七)

(9) 人问王夷甫："山巨源义理何如？是谁辈？"王曰："此人初不肯以谈自居，然不读老、庄，时闻其咏，往往与其旨合。"(《世说新语》赏誉第八)

(10) 王丞相枕周伯仁膝，指其腹曰："卿此中何所有？"答曰："此中空洞无物，然容卿辈数百人。"(《世说新语》排调第二十五)

与秦汉时期相比，这一时期除了单标让转句式"纵……，……"(42次)的语用频率略有提升，配套让转句式"虽……，而……"(64次)基本持平外，其他句式均大幅降低。"……，然而……"出现3次，"……，然则……"出现3次，"虽……，然……"出现14次，"固……，……"出现8次。

其二，几种重要转折关联标记出现，转折复句句式增加。

魏晋至唐五代时期，虽然各种转折复句句式的语用频率不是很高，但是却出现了几种重要的转折关联标记，形成了更多的转折复句句式，使转折复句体系更加庞大了。这一时期新出现的转折关联标记有"但、却、只是、虽然、虽则、任、不意、不料、纵使、争奈、宁可、除非"等。这些新转折关联标记的出现，转折关联标记的增加，配套组合能力增强，导致配套复句句式增加。改变了秦汉时期转折关联标记少、转折复句句式少、语用频率高而集中的局面。

“但”是这一时期增加的最主要转折关联标记，其不仅构成单标突转句式“……，但……”，而且还和其他让步关联标记构成配套让转句式“虽……，但……”“虽则……，但……”“纵……，但……”。蒋冀骋、吴福祥（1997）、邓云华、石毓智（2006）等对“但”的演变做了具体分析，认为“但（是）”的转折义是由表限定范围的语义发展而来。具体演变路径为：限定副词“但”进入关系句，当上下文之间的语义出现相对或相反的关系时，“但”就可以重新分析，表示转折语义，并且认为两汉至六朝时期，是汉语的大变革时期，大量出现这种重新分析的情况。

本书考察发现“但”作为转折关联标记秦汉时期还没有出现，魏晋至唐五代时期语料中出现76例。不过转折义词“但”形成之后，使用频率很高，转折语义得到进一步稳固和发展，形成典型转折义词。从宋元开始，表示重转的“但”使用增加，明清以后成为主要用法。

“但”不仅可以构成单标突转句式，还可以和“虽”“虽则”“纵”等让步转折关联词语构成配套式让转句式。其中单标突转句式是主体，后来用得非常普遍，是一种很重要的单标记突转句式。如：

（11）梵日问曰：“如何即成佛？”大师答曰：“道不用修，但莫污染。莫作佛见、菩萨见，平常心是道。”梵日言下大悟，殷勤六年。（《祖堂集》卷十七）

（12）陆机诣王武子，武子前置数斛羊酪，指以示陆

曰："卿江东何以敌此？"陆云："有千里莼羹，但未下盐豉耳。"（《世说新语》言语第二）

（13）孙绰赋遂初，筑室畎川，自言见止足之分。斋前种一松树，恒自手壅治之。高世远时亦邻居，语孙曰："松树子非不楚楚可怜，但永无栋梁用耳！"孙曰："枫柳虽合抱，亦何所施？"（《世说新语》言语第二）

以上各例中，"但"用于后分句句首位置，标示后分句语意对前分句的预期违逆或者轶出，形成了转折的逻辑语义关系。从上例中可以看到，"但"用在分句之间，前分句肯定一种情况，后分句与前分句并非全面相反或相对，而是部分修正。复句的前、后分句使用同一主语，后分句没有主语，但是前、后分句之间已经有了停顿，意义上也有了轻微的转折。至于"但"是什么词性，有的认为是副词，也有的认为是连词，香坂顺一（1992）认为，这时可以看作连词，也可以不看作连词，而看作副词的连接功能。但有一点可以肯定，这时"但"已经成为了转折关联标记，相当于"只是"，表示轻微的转折关系，句末带语气词"耳"，形成"但……耳"的固定格式。

与此相关，"但是"在这一时期作为一种语用形式已经出现，但是其语意仍然为"但凡是"，其中"是"用为动词，"但"用为表总括关系的范围副词修饰限定"是"，还没有用为转折关联标记。如：

（14）慈母心，无顺逆，但是女男皆护惜；个个教招立得身，不曾有意言恩德。（《敦煌变文集新书》父母恩重经

讲经文）

（15）炖煌上将汉诸侯，弃却西戎朝凤楼。圣主委令权右地，但是凶奴尽总雠。（《敦煌变文集新书》张义潮变文）

这一时期增加的另一重要转折关联标记是“却”，这也是一个后世用得非常普遍，且语用频率非常高的转折关联标记，构成的转折复句句式有“……，却……”“虽……，却……”“虽然……，却……”“纵……，却……”，因为刚出现，用例以单标突转句式“……，却……”为主，魏晋至唐五代时期的语料中出现了174例，其他配套让转句式用例不多。如：

（16）王修龄尝在东山甚贫乏。陶胡奴为乌程令，送一船米遗之，却不肯取。直答语“王修龄若饥，自当就谢仁祖索食，不须陶胡奴米。”（《世说新语》卷中之上方正第五）

（17）刘尹云：“孙承公狂士，每至一处，赏玩累日，或回至半路却返。”（《世说新语》卷下之上容止第十四）

（18）燕雀同词而对曰：“何其凤凰不嗔，乃被［多事］鸿鹤责疏，你亦未能断事，到头没多词句，必其依有高才，请乞立题诗赋。”鸿鹤好心，却被讥刺；乃兴一诗，以呈二子：鸿鹤宿心有远志，燕雀由来故不知。一朝自到青云上，三岁飞鸣当此时。（《敦煌变文集新书》燕子赋）

从以上用例可以看出，与秦汉时期的“却”只用为“推却义”动词不同，魏晋至唐五代时期的语料中“却”绝大部分用为动词，但是有少部分可以重新分析，开始由动词用为转折副词。如例（16）“却不肯取”中的“却”既可以理解为动词“推却、拒绝”义：

“(王修龄) 推辞不肯接受”，从句法结构来看，是个连谓句；也可以理解为转折副词，与前几句逆接，表相反“逆预期”义，因为按常理，一个人在困难时会接受好心人的帮助，因此，“王修龄尝在东山甚贫乏。陶胡奴为乌程令，送一船米遗之，”会引起正向的心理预期：“王修龄会接受陶胡奴的善意资助”，但是结果却出乎人们的预料，“(王修龄) 却 (反而) 不肯接受资助”。在句法结构上，“却不肯取”可以看成由连谓结构重新分析为承前分句省略了主语的状中结构，“却”语法化为转折义副词，联接前、后分句表逆预期关系。

后几例也是这样，“却”直接用在复句后分句的动词或者动词短语前，表示后面所述的情况不是顺承前分句而来，而是有所逆转，标示的是一种单纯的转折关系。

“却”的基本语义为“退”，含有 [+ 相反方向] 语义特征，由“相反方向”进一步抽象，表示客观事物或情况的相反或相对，或两个事物关系或情况与人们的心理期待相反。这是“却”产生转折副词的语义基础。从句法结构来看，复句的前后两个分句在语义上构成对比或对照，句中有无“却”似乎不影响语义的表达，在复句的后一分句中，处于状语的位置“却”语义虚化，逐渐吸收了这种句法具有的转折关系，起到使转折关系突显的作用，即转折复句的语境吸收作用，促使“却”具有了转折副词的用法。

依据“却”所连接的两个语言片段是否存在逆常理性，可将其分化为表逆转关系和表对照关系两类“却”。这两类“却”在句法、语义上存在“正负对立”现象，它们各自的形式与意义之间有大致的对应关系：在句法上，前者能与“虽然”类让步连词共现，是有标记的，后者不能与之共现，是无标记的；在语义上，前者所连接的两个语言片段在意思上存在逆常理性，后者所连接的两个语言片段在意思上则不存在逆常理性；在分布上，前者多连接复句中的分句，后者既能连接复句中的分句，又能连接句群中的句子或段落，单句中的句法成分以及句法成分中的结构项。[66]

这一时期增加的又一重要转折标记是“只是”，构成的转折复句句式有“……，只是……”“虽……，只是……”“纵……，只是……”。在秦汉时期的语料中，“只是”这一语用形式尚未出现，魏晋至唐五代时期开始出现，其结构形式和语义关系有两种：当“只是”后面是名词时，构成动宾结构，“只”是范围副词，“是”则是判断动词；当“只是”后面有其他谓词性结构时，“只是”则逐渐虚化，重新分析为转折连词，用来表示承前轻转的语义关系。此时期以单标突转句式“……，只是……”为最常用，也是一个后世用得非常普遍，而且语用频率非常高的单标记突转句式，魏晋至唐五代时期的语料中出现了52例。如：

（19）罗山云：“和尚岂不是法嗣德山又不肯德山？”师云：“是也。”罗山云：“不肯德山则不问，只如洞山有何亏阙？”师良久云：“洞山好个佛，只是无光奴。”（《祖堂集》卷第四）

（20）师于半夜时叫唤：“贼也！贼也！”大众皆走。师于僧堂后遇一僧，拦胸把住叫云：“捉得也，捉得也。唤维那来！”僧云；“不是贼，某甲。”师云：“你正是贼，只是你不肯承当。”（《祖堂集》卷第十八）

(21) 皇帝座相宝殿，宰相曲躬来见，前时奉敕觅人，今日得依王愿。门前有一儿郎，性行不妨慈善，出来好个面貌，只是有些舌短云云。(《敦煌变文集新书》丑女缘起)

(22) 师又去碓坊，便问行者："不易行者，米还熟也未?"对曰:"米熟久矣，只是未有人簸。"(《祖堂集》卷第二)

以上各例中，复句的前分句表示某事的存在，后分句用"只是"承接，引领动宾结构或者主谓小句"无光奴""你不肯承当""有些舌短云云""未有人簸"，表示在承认前分句存在的基础上，不是顺着说下去，也不是完全逆转到相反或者相对的方面去，而只是述说其不足或者值得改进的方面，从而形成轻微的转折关系。

除了上面所述的转折关联标记外，魏晋至唐五代时期还出现了一个很重要的让步关联标记，那就是"虽然"。在秦汉时期，"虽然"作为一种语用形式已经出现，但是还没有用为让步连词，只是跨界语词组合"虽然这样"的一个简缩形式，一般在前分句单用表承让，后面再接一个分句表转折。到了魏晋至唐五代时期，"虽然"很少单用，而是用在完整小句或者动词短语前面起联接作用。正是这种语用环境的变化，使"虽然"渐渐语法化为一个单纯表让步关系的连词。"虽然"主要是位于前分句，构成单标让转类句式"虽然……，……"，也可以和"却""亦""也""争奈"等转折关联标记构成配套让转类句式"虽然……，却……""虽然……，也……""虽然……，争奈……"等。因为刚用为转折关联标记，以单标让转类句式"虽然……，……"为主，这一时期出现70次。如:

(23) 香严云:"你不无道理也。虽然如此，向后若是

住山，则无柴得烧；若是住江边，则无水得吃。欲临说法时，须得口里吐出不净。”(《祖堂集》卷第八)

(24) 不从闻得者，请露后来珍。”太傅答 :“好晴好雨，宜花宜麦。得不得，请大师亲批。”师云 :“与摩则大众有望，北院何忧。虽然如此，犹虑恐人笑在。”(《祖堂集》卷第十)

(25) 有大德问 :“如镜铸像，像成后镜明向什么处去？”师曰 :“如大德未出家时相状向什么处去？”进曰 :“成像后为什么不鉴照?”师曰 :“虽然不鉴照，谩他一点不得。”(《祖堂集》卷第三)

(26) 娇痴恶友何生毒，忽起此心刺兄目，我即虽然行步迟，忧伊算得程途速。(《敦煌变文集新书》佛报恩经第七报恩经第十一经)

(27) 美女摘时皆却去，鱼(渔)人不见又须回，虽然蕊内含香气，争那金风未到来。(《敦煌变文集新书》妙法莲华经讲经文)

上例“虽然如此”“虽然不鉴照”“我即虽然行步迟”“虽然蕊内含香气”中“虽然”不像秦汉时期单用，而是后面有其他句法语义成分，“然”已经不是用为表回指的代词，而是虚化为一个词缀，与“虽”一起构成一个双音节连词，表示让步关系。在《祖堂集》中“虽然如此”这种句法结构出现了33次，而“然”本来就是“这样、如此”的意思，为了避免重复，“然”开始虚化，和“虽”结合在一起，构成双音化的让步连词。在语用类推的作用下，“虽然如此”由词组泛化扩大为其他短语结构“虽然不鉴照”，甚至小句结构“我即虽然行步迟”“虽然蕊内含香气”，构成前句承让后句转折的让转复句。

“虽然”有时候还可以颠倒用为“然虽”，魏晋至唐五代时期语料中出现3例，所出现的句法环境和“虽然”一致，表达的句法语义关系也一致。如：

(28) 师上堂，因示徒云："过去如许多诸圣，乃至今时老宿，出头来尽道‘我愿度一切众生，成道成果，与我无异。’灼然吾徒等辈，为不承他先圣方便，今日向什么处填沟塞壑？然虽如此，于中还有一人具眼也无？”(《祖堂集》卷第十一)

(29) 仰山归后，沩山向仰山说前件因缘，兼把偈子见似仰山。仰山见了，贺一切后，向和尚说："虽则与摩发明，和尚还验得他也无？”沩山云："不验他。”仰山便去香严处，贺喜一切后，便问："前头则有如是次第了也。然虽如此，不息众人疑，作摩生疑聻，将谓预造，师兄已是发明了也……”(《祖堂集》卷第十九)

除了上面介绍的几个关联标记外，魏晋至唐五代时期还出现了“虽则、任、争奈、纵使、纵然、宁可、除非”等转折关联标记，形成了相关的有标转折复句句式，但它们的语用频率都不是很高。分别是“虽则……，……”出现9次；“任……，……”出现28次；“……，争奈……”出现6次；“纵使……，……”出现7次；“纵然……，……”出现7次；“……，除非……”出现4次。分别举两例如下：

（30）武帝将贰于高祖，望乾为己用，会于华林园宴罢，独留乾，谓之曰“司空奕世忠良，今日复建殊效，相与虽则君臣，实亦义同兄弟，宜共立盟约以敦情契。”殷勤逼之。（《新校本北齐书》列传卷二十一）

（31）师云：“此是菩萨人境界。”后鼓山举此因缘云：“古人则与摩。是你诸人，菩萨境界尚未得，又故则嫌他菩萨。虽则是嫌，但以先证得菩萨之位，后嫌也嫌。老僧未解得菩萨之位，作摩生嫌他这个事？”（《祖堂集》卷第十四）

（32）遂令数人教依旧路，斫山寻觅。如见，云：“马师近日道：‘非心非佛。’”其数人依盐官教问，师云：“任你非心非佛，我只管即心即佛。”（《祖堂集》卷第十五）

（33）苏子高事平，王、庾诸公欲用孔廷尉为丹阳。乱离之后，百姓凋弊。孔慨然曰：“昔肃祖临崩，诸君亲临御床，并蒙眷识，共奉遗诏。孔坦疏贱，不在顾命之列。既有艰难，则以微臣为先，今犹俎上腐肉，任人脍截耳！”（《世说新语》方正第五）

（34）择禅师因道吾指夹山寻师，颂曰：京口谈玄已有名，吾山特地涉途程；虽云法眼无瑕翳，争奈其人掩耳听。（《祖堂集》卷第五）

（35）又因一日峰见师，便拦胸把云：“尽乾坤是个解脱门。把手拽教伊入，争奈不肯入！”师云：“和尚怪某甲

不得。”峰云：“虽然如此，争奈背后如许多师僧何！”（《祖堂集》卷第十）

（36）有康、德二僧来到院，在路上遇师看牛次，其僧不识。云：“蹄角甚分明，争奈骑牛者不识何！”（《祖堂集》卷第九）

（37）子胥摇鞭语昭王曰：“你父平王，至当无道，与子娶妇，自纳为妃。忠臣谏言，遂被诛戮；佞臣谄乱，却赐封侯。杀我父兄，枉死伤苦，今乃报雠父罪，即当快吾心意。吾今欲食汝心，将为不足；纵使万兵相向，未敌我之一身。”（《敦煌变文集新书》伍子胥变文）

（38）妻答曰：“君莫急急，即路遥长。纵使从来不相识，错相识认有何妨。妾是公孙钟鼎女，疋配君子事贞良。”（《敦煌变文集新书》伍子胥变文）

（39）十月怀耽弟子，昼夜身心不安；形容日日衰羸，即渐转加憔悴。几度亲情屈唤，无心拟去相随，纵然家内延宾，实是懒陪欢笑。龙发不梳累月，凤钗不插经旬，装台污见眼前，鸾镜任从尘土。[《敦煌变文集新书》父母恩重经讲经文（二）]

（40）不同窒塞人紧把著事不解传得，恰似死人把玉擩玉相似。纵然传得直到驴年，有什么用处？（《祖堂集》卷第七）

（41）学人云：“如何是好人？”师云：“是汝话堕也。”问：“诸缘则不问，如何是和尚家风？”师云：“宁可清贫

长乐，不作浊富多忧。”(《祖堂集》卷第十三)

(42) 其妇下树，敛容仪，不识其夫，唤言郎君：“新妇夫婿游学，经今九载，消息不通，音信隔绝。阿婆年老，独坐堂中，新妇宁可冬中忍寒，夏中忍热，桑蚕织络，以事阿婆。一马不被两鞍，单牛岂有双车并驾！家中贫薄，宁可守饿而死，岂乐黄金为重！”(《敦煌变文集新书》秋胡变文)

(43) 莫若入大海内，拜谒龙王，求摩尼宝珠，与众生利益，要饭即雨饭，要衣即雨衣，要金银即雨金银，要珠玉即雨珠玉。不伤物命，不使心机，除非菩萨以能行，难可凡夫之去得。(《敦煌变文集新书》双恩记第七经)

(44) 大王告仙人：“我见如今人，终日怀嗔喜。……饥吞铁丸，渴饮铜汁。剑(剑)树利兮森森，刀山耸兮岌岌。免斯因缘，有何方术，除非听受法花经，如此灾殃方得出。”[《敦煌变文集新书》妙法莲华经讲经文(一)]

其三，配套句式增多，语用表达多样化。

魏晋至唐五代时期，因为新的让步标记和转折标记的出现，标记之间的配合使用越来越多，配套让转类句式大大增加。表现在与几个主要让步关联标记“虽”“虽然”“纵”配合使用的转折关联标记增多，形成了比秦汉时期更多的配套让转句式群。在秦汉时期只出现了一个围绕让步标记“虽”构成的配套让转句式群，且仅有8种句式，在魏晋至唐五代时期仍然是8种，但是具体句式有很大的变化。除了“虽……，而……”(64次);“虽……，亦……”

(25次)；“虽……，犹……”(16次)；“虽……，然……”(14次)等句式仍然有较高的使用频率外，“则、唯、抑、然而”等关联标记被新起的“但、也、却、只是、争奈”等关联标记取代，和“虽”配合构成新的让转句式，但是语用频率很低。如：

(45)韶曰“所谓众者，得众人之死；强者，得天下之心。……王躬昭德义，除君侧之恶，何往而不克哉！”高祖曰“吾虽以顺讨逆，奉辞伐罪，但弱小在强大之间，恐无天命，卿不闻之也?”(《新校本北齐书》列传卷十六)

(46)人为之语曰“宁度东吴、会稽，不历成公曲堤。”世良施八条之制，盗奔他境。民又谣曰“曲堤虽险贼何益，但有宋公自屏迹。”(《新校本北齐书》列传卷四十六)

(47)虽居尘俗情高豁，恤物忧贫无暂歇。见苦长闻起对治，于人未省生怨结。保行藏，持不煞，念念中间专省察。坚固身心虽在家，此人也得名菩萨。(《敦煌变文集新书》双恩记)

(48)石霜和尚到云岩，云岩问:“从什么处来?”对云:“沩山来。”岩云:“你在沩山多少时?”对云:“五六夏。”岩云:“与摩则是山长。”对云:“某甲虽在彼中，却不知。”(《祖堂集》卷第十二)

(49)师云:“古人道:‘灵利参学’，与道伴交肩过，便得不喜见。汝既在莲花半月来日，亲得见处作摩生?”对云:“专甲虽在彼中，只是吃粥吃饭。”(《祖堂集》卷第十三)

(50) 择禅师因道吾指夹山寻师，颂曰：京口谈玄已有名，吾山特地涉途程。虽云法眼无瑕翳，争奈其人掩耳听。(《祖堂集》卷第五)

魏晋南北朝至唐五代时期，新的让步关联标记“虽然”出现，语用频率较高，构成的句式不仅有单标让转式“虽然……，……”，而且和“犹、却、亦、也、争奈”等转折关联标记配合，构成配套让转句式“虽然……，犹……”“虽然……，却……”“虽然……，亦……”“虽然……，也……”“虽然……，争奈……”5种，围绕“虽然”形成一个新的让转句式群。虽然它们的语用频率都不是很高，但是从魏晋至唐五代时期开始，人们的语用表达开始多样化起来。其用例如下：

(51) 师便失声云：“堪作什么？早被你蓦头拗却也。”师又云：“虽然如此，我也不一向。”(《祖堂集》卷第六)

(52) 不经旬日之间，便即夫人有孕。虽然怀孕十月，却乃愁忧。遂奏大王，如何计教，得免其忧。(《敦煌变文集新书》太子成道经一卷)

(53) 师云：“汝道‘我在这里’，为个什么？”僧云：“与摩则不知古人去也。”师云：“虽然如此，却不辜负汝。”(《祖堂集》卷第十一)

(54) 仰山云：“若与摩，如今和尚身前，应普超三昧顶也。”沩山云：“未。”仰山云：“性地浮沤尚宁，燃灯身前何故未？”沩山云：“虽然理即如此，我亦未敢保任。”(《祖堂集》卷第十八)

(55) 师云:“和尚怪某甲不得。”峰云:“虽然如此,争奈背后如许多师僧何!”自后闽王钦敬,请住安国阐扬宗教矣。(《祖堂集》卷第十)

魏晋南北朝至唐五代时期新出现的另一个双音化让转关联标记“虽则”不仅构成单标句式“虽则……,……”,有一定的语用频率,也和“犹、但”等关联标记构成“虽则……,犹……”“虽然……,但……”等配套让转句式。围绕“虽则”形成一个新的让转句式群。如:

(56) 传译中夏,年余数百。虽则讽诵流布,章疏芬(纷)然,犹恐义未合于圣心,理或乖于中道。(《敦煌变文集新书》降魔变文一卷)

(57) 后鼓山举此因缘云:“古人则与摩。是你诸人,菩萨境界尚未得,又故则嫌他菩萨。虽则是嫌,但以先证得菩萨之位,后嫌也嫌。老僧未解得菩萨之位,作摩生嫌他这个事?”(《祖堂集》卷第十四)

魏晋至唐五代时期,让步关联标记“纵”的语用频率大幅提升,单标句式“纵……,……”的语用次数是秦汉时期的两倍,“纵”与其他转折关联标记“犹、却、亦、也、但”构成配套让转句式“纵……,犹……”“纵……,却……”“纵……,亦……”“纵……,也……”“纵……,但……”5种,语用频率不高。围绕“纵”形成一个新的让转句式群。如:

(58) 且三世之中,求得人生天之福。几个能受世荣,求得人间资财,中路便遭身夭。若求金银匹帛,劫劫荣

心，纵得衣食，自充不足。耶娘兄弟，各自救疗。（《敦煌变文集新书》庐山远公话）

（59）王若守诚不贰，晏然居北，在此虽有百万之众，终无图彼之心。王脱信邪弃义，举旗南指，纵无匹马只轮，犹欲奋空拳而争死。（《新校本北齐书》本纪卷二帝纪第二神武帝下）

（60）招庆因举佛陀婆梨尊者从西天来，礼拜文殊，逢文殊化人，问：“还将得尊胜经来否？”云：“不将来。”文殊曰：“既不将来，空来何益！纵见文殊，亦何必识之！”（《祖堂集》卷第十一）

（61）崔季舒大好医术，天保中，于徙所无事，更锐意研精，遂为名手，多所全济。虽位望转高，未曾懈怠，纵贫贱厮养，亦为之疗。（《新校本北齐书》列传卷第三十九）

（62）纵被维摩呵责，事也为等闲，即将忍辱祇当，居士自然息怒。（《敦煌变文集新书》维摩诘经讲经文）

（63）纵其情思底滞，关键不通，但伏膺无怠，钻仰斯切，驰骛胜流，周旋益友，强学广其闻见，专心屏于涉求，画缋饰以丹青，雕琢成其器用，是以学而知之，犹足贤乎已也。（《新校本北齐书》列传卷四十五列传第三十七）

其四，双音节关联标记增多，双音化趋势加强。

秦汉时期出现的转折关联标记以单音节为主，总计 22 个关联标记，其中单音节 17 个，占比 77.3%，双音节 5 个，占比 22.8%。到了魏晋南北朝至唐五代时期，双音节关联标记大大增加，双音化趋势非常明显。统计表明，此时期共出现转折关联标记29个，其中单音节14个，占比48.3%，双音节15个，占比51.7%。从秦汉时期到魏晋至唐五代时期，双音节转折关联标记增加了28.9%。这和中古时期汉语由单音节语素词向双音节韵律词变化发展的大环境密不可分的。

具体来说，关联词语的双音化有几种形式：其一是同义复合，即由两个表义基本相同的单音节关联词先语素化，再复合为双音节关联词。如“然”“则”“而”在秦汉时期都是使用频率很高的单音节转折关联词，因为它们出现的句法位置相同，都是在两个相反或相对的句法成分之间，表示事物之间的逆接关系。在表示重复强调的时候，几个关联词语会出现并列使用的情况，为其复合化为双音节词语创造了条件，就出现了“然则”“然而”这样的双音节转折关联词。

其二是跨界组合，即由性质不同的单音节词因为语法化和重新分析融合为一个双音节词。例如，在秦汉时期“虽”是用为表示让步的单音节关联词语，“然”是表回指替代的单音节代词，当“虽然”由单独作句法成分到引领其他句法成分“虽然如此”时，“如此”在意义上替代了“然”，“然”不得不萎缩缀化，在双音化节律的促动下和“虽”融合为双音节让步关联词“虽然”。

很多双音节转折关联标记如“虽然”“然虽”“然则”“然而”“只是”“怎奈”等前文已有所讨论，这里不再赘述。值得注意的是秦汉时期出现的让步关联标记“纵”有一定的语用频率，但都是单标突转句式，到了魏晋南北朝至唐五代时期，“纵”不仅和“却、亦、也、但”等转折关联标记构成配套让转句式群，而且还双音化为

“纵然”“纵使”“纵令”“纵虽”“饶纵”等双音化关联标记。这是转折关联标记双音化的突出表现。如：

(64) 师又有《骊龙珠吟》：骊龙珠，骊龙珠，光明灿烂与人殊。十方世界无求处，纵然求得亦非珠。(《祖堂集》卷第四)

(65) 人定亥，君子须（虽）贫礼常在，松柏纵然经岁寒，一片贞心常不改。(《敦煌变文集新书》百鸟名君臣仪仗)

(66) 一马不被两鞍，单牛岂有双车并驾！家中贫薄，宁可守饿而死，岂乐黄金为重！忽而一朝夫至，遣妾将何申吐！纵使黄金积到天半，乱彩垛似丘山，新妇宁有恋心，可以守贫取死。(《敦煌变文集新书》秋胡变文)

(67) 我等生时多造罪，今日受苦方始悔，纵令妻妾满山川，谁肯死来相替代。(《敦煌变文集新书》大目干连冥间救母变文)

(68) 左右闻言皆落泪，将军今日何千次，岂容独领五千人，战敌凶（匈）奴十万骑。赤血滂沛若水流，胡兵遍地横尸死，纵令无面见天王，亦合留名在使（史）记。(《敦煌变文集新书》李陵变文)

(69) 史记曰：汉武帝使大夫张骞赍衣粮寻盟津河上源，西王母［闻此］莫然笑曰：“盟津河在昆仑山腹壁出，其山举高三千三百六十万里，纵虽卿一生如去，犹不能至。卿可还国，与卿支几之石，报卿君命。”(《敦煌变文集新书》前汉刘家太子传)

汉语发展到魏晋至唐五代时期，大部分重要的让步关联标记和转折关联标记均已出现，标记之间的配合也开始增加，形成了多个让转句式群，但是语用频率都不高。总的来看，魏晋至唐五代时期的有标转折复句呈现出几个特点：几种重要转折关联标记出现，转折复句句式增加，语用频次降低，分布较为平衡；配套句式增多，语用表达开始多样化；双音节关联标记增多，双音化趋势加强。但是多标句式仍然没有出现。

5.5 宋元时期的汉语有标转折复句

宋元时期，也就是近古时期，我们主要以《五灯会元》(南宋·普济)、《朱子语类》(南宋)、《西厢记杂剧》(元·王实甫)、《倩女离魂》(元·郑光祖)、《元散曲》(元)、《勘皮靴单证二郎神》(元)、《闹樊楼多情周胜仙》(元) 等文献作为考察语料，共计 100 余万字。考察发现，与秦汉时期和魏晋至唐五代时期相比，这一时期出现的转折关联标记和转折复句句式都进一步增加，其中转折关联标记 32 种，构成的转折复句句式 92 种，语用频率共计 2 377 次，差不多都是魏晋至唐五代时期的两倍，其中单标突转式 31 种、2 114 次、占 89%；前后配套式 52 种、244 次、占 10%；多标式 9 种、19 次、占 1%。具体统计数据如表 5-3 所示。

宋元时期的汉语有标转折复句具有以下特点。

其一，多标式转折复句句式出现，逻辑语义表达更精细。

在秦汉时期和魏晋南北朝至唐五代时期，汉语转折复句句式以单标突转式为主，前后配套式逐渐增加，发生了显著的变化，但是多标式复句句式没有出现。到了宋元时期，转折复句句式还是以前后配套式为主，单标突转式次之，多标式复句句式开始出现。在考察的百万字语料中出现的具体句式数量不多，仅9种，语用频率也不高，仅19次，但是既有多标相连式，也有多标分散式；既有多标突转式，也有多标让转式，甚至还出现了后分句中三个转折关联标记连用的用例。这表明汉语发展到宋元时期，复句句法结构层次越来越复杂，句法成分越来越多，所表达的逻辑语义关系更加精细明确，对现实生活的反映更为准确生动。这些多标句式又可以分为多标相连式和多标分散式。多标相连式即在后分句中几个不同的转折关联标记前后相继一起表示转折关系，中间没有间隔其他句法成分，如"……，却又……""……，却也……""……，然却……"；"……，然却又……"；多标分散式即在后分句中几个不同的转折关联标记表示转折关系时，中间间隔有其他句法成分，如"……，而……却……""……，然……却……"。下面分别举例说明。多标相连式如：

(1) 女孩儿抬起身来，便理会得了。一来见身上衣服脱在一壁，二来见斧头刀仗在身边，如何不理会得。朱真欲待要杀了，却又舍不得。(《闹樊楼多情周胜仙》)

(2) 倒了圣旨下来："这厮不合淫污天眷，奸骗宝物，准律凌迟处死，妻子没入官。追出原骗玉带，尚未出笏，仍归内府。韩夫人不合辄起邪心，永不许入内，就着杨太尉作主，另行改嫁良民为婚。"当下韩氏好一场惶恐，却也了却想思债，得遂平生之愿。(《勘皮靴单证二郎神》)

表 5-3　宋元时期汉语有标转折复句使用情况统计

复句格式	复句句式（因版面限制，类似句式并置）	语用次数		
		单标式	配套式	多标式
突转类	……，而……	457		
	……，而……却……			2
	……，然……	49		
	……，然则……	5		
	……，然而……	3		
	……，然却……			4
	……，然……却……			2
	……，然却又……			1
	……，但……	81		
	……，但是……	4		
	……，只是……	194		
	……，也……	168		
	……，倒……	5		
	……，倒也……	2		
	……，争奈……	7		
	……，不过……	3		
	……，却……	579		
	……，却又……			5
	……，却也……			2
让转类	虽……，……	228		
	虽……，而 / 然 / 亦 / 也 / 却……		32/24/15/15/14	
	虽……，犹 / 但 / 只 / 只是 / 争奈……		10/8/5/3/1	
	虽……，则 / 倒 / 可 / 又……		2/2/1/1	
	虽……，但亦……			1

表 5–3(续)

复句格式	复句句式（因版面限制，类似句式并置）	语用次数		
		单标式	配套式	多标式
让转类	虽……，然……却……			1
	虽……，然……不过……			1
	虽然……，……	143		
	虽然……，也 / 犹 / 却……		18/10/7	
	虽然……，只是 / 争奈 / 倒 / 亦……		3/1/2/1	
	然虽……，……	37		
	然虽……，也 / 只 / 犹 / 争奈……		5/2/1/1	
	虽则……，……	10		
	虽则……，怎奈 / 但 / 却 / 倒……		1/1/1/1	
	固……，……	13		
	固……，然 / 而 / 只是 / 但 / 却 / 也……		10/4/2/1/1/1	
	任……，……	46		
	任……，也 / 争奈……		2/3	
	纵……，……	21		
	纵……，亦 / 也 / 却 / 而 / 犹 / 则 / 但……		7/5/2/1/1/1/1	
	纵使……，……	7		
	纵使……，也……		1	
	纵然，……	2		
	纵然……，也 / 却……		1/1	
	纵饶……，……	1		
	纵饶，也……		3	
	总（是）……，……	4		
	设使……，……	5		
	设使……，……也 / 犹 / 亦 / 只是		2/2/1/3	

表 5–3(续)

<table>
<tr><th rowspan="2">复句格式</th><th rowspan="2">复句句式
（因版面限制，类似句式并置）</th><th colspan="3">语用次数</th></tr>
<tr><th>单标式</th><th>配套式</th><th>多标式</th></tr>
<tr><td></td><td>便……，……</td><td>13</td><td></td><td></td></tr>
<tr><td></td><td>便……，亦 / 也……</td><td>3/4</td><td></td><td></td></tr>
<tr><td></td><td>只管……，……</td><td>3</td><td></td><td></td></tr>
<tr><td></td><td>随……，……</td><td>4</td><td></td><td></td></tr>
<tr><td>假转类</td><td>……，除非……</td><td>13</td><td></td><td></td></tr>
<tr><td colspan="2" rowspan="3">合计（百分比）</td><td colspan="3">句式数 / 语用次数（语用频率）</td></tr>
<tr><td>31/2
114/89%</td><td>52/244(10%)</td><td>9/19(1%)</td></tr>
<tr><td colspan="3">92/2377(100%)</td></tr>
</table>

(3) 曰："人物性本同，只气禀异。如水无有不清，倾放白碗中是一般色，及放黑碗中又是一般色，放青碗中又是一般色。"又曰："性最难说，要说同亦得，要说异亦得。如隙中之日，隙之长短大小自是不同，然却只是此日。"(《朱子语类》卷四性理一)

(4) 草木都是得阴气，走飞都是得阳气。各分之，草是得阴气，木是得阳气，故草柔而木坚；走兽是得阴气，飞鸟是得阳气，故兽伏草而鸟栖木。然兽又有得阳气者，如猿猴之类是也；鸟又有得阴气者，如雉雕之类是也。唯草木都是得阴气，然却有阴中阳、阳中阴者。(《朱子语类》卷四性理一)

(5) 因论薛士龙家见鬼，曰："世之信鬼神者，皆谓实有在天地间：其不信者，断然以为无鬼，然却又有真

个见者。郑景望遂以薛氏所见为实理，不知此特虹霓之类耳。”（《朱子语类》卷三鬼神）

以上几例是多标相连式转折复句，表现为“然、却、又、也”等转折连词或转折副词，在复句的后分句中相继连用，轶出前分句的预期，共同表示转折语义关系。之所以认定是多个转折关联标记连用，是因为上例中的多个转折关联标记中只保留其中任何一个都基本可以表达出其转折意义，多个连用则有强调的作用。如例（5）前分句表明“其不信者，断然以为无鬼”，后分句逆转而来“然却又有真个见者”，表示轶出预期的结论“有真个见鬼者”。后分句中的“然却又”就是连用了三个转折关联标记，共同关涉同一个句法成分“有真个见者”，逆预期前分句“其不信者，断然以为无鬼”，“然却又”保留其中任何一个都可以和前分句构成转折关系。通过这些用例我们可以看出，多个转折关联标记的连用，主要是为了加强转折的语用效果，使后分句“出人预料”的转折效果得到强化。

下面几例是多标分散式转折复句。

（6）虽然如是，忽有个衲僧出来道：长老话作两橛也。适来道：道无横径，无党无偏，而今又却分许多优劣。且作么生只对？还委悉么？（《五灯会元》卷二十）

（7）问：“古者取火，四时不同。不知所取之木既别，则火亦异否？”曰：“是如此。”火中有黑，阳中阴也；水外黑洞洞地，而中却明者，阴中之阳也。故水谓之阳，火谓之阴，亦得。（《朱子语类》卷二理气下）

(8) 问:“人之死也，不知魂魄便散否?”曰:“固是散。”又问：“子孙祭祀，却有感格者，如何?”曰：“毕竟子孙是祖先之气。他气虽散，他根却在这里；尽其诚敬，则亦能呼召得他气聚在此……子孙之气于祖考之气，亦是如此。他那个当下自散了，然他根却在这里。根既在此，又却能引聚得他那气在此。此事难说，只要人自看得。”(《朱子语类》卷三鬼神)

与多标相连式转折复句仅仅表示强化转折效果不同，以上几例中，后分句的多个转折关联标记不是并置在一起，而是分散开来，中间间隔有其他句法成分，这样一来，分散的多个关联标记分别关涉不同的句法成分，多层次逆前分句的预期构成复杂的转折关系。

如例(8)前分句“他那个当下自散了”意思是说“人死如灯灭，人一旦死亡，他那个气当下自散了”，后分句“然他根却在这里”用“然”关涉“他根”，和前分句的“他气”相对逆接，用“却”关涉“在这里”，和前分句的“当下自散了”相对逆接，构成多标分散式的转折复句。这种多标分散式关涉多个方面相对前分句转折逆接，层次清晰，表义明确，转折点对应整齐，便于表达复杂的逻辑语义关系。如果去掉其中某个转折关联标记，会对句子语义的准确表达有一定的影响。

从语义关系来看，以上两类复句都是多标式突转类复句，即前分句不出现其他让步关联标记，只在后分句出现多个相连或分散的转折关联标记，表示突然性的转折关系。除此之外，宋元时期的多个连用或分散的转折关联标记还可以和让步关联标记“虽”“虽然”“虽是”配合，构成“虽……，然……却……”“虽然……，却也……”“虽是……，但亦……”“虽是……，然……不过……”等多标让转类复句，只是用例很少。如：

(9) 但见：头裹金花幞头，身穿赭衣绣袍，腰系蓝田玉带，足登飞凰乌靴。虽然土木形骸，却也丰神俊雅，明眸皓齿，但少一口气儿，说出话来。(《勘皮靴单证二郎神》)

(10) 且如今有人把一篇文字来看，也未解尽知得他意，况于义理。前辈说得恁地，虽是易晓，但亦未解便得其意。须是看了又看，只管看，只管有。(《朱子语类》卷十学四)

(11) 先生曰：“此说亦是。是他元不曾禀得此道理。惟人则得其全。如动物，则又近人之性矣。故吕氏云：‘物有近人之性，人有近物之性。’盖人亦有昏愚之甚者。然动物虽有知觉，才死，则其形骸便腐坏；植物虽无知觉，然其质却坚久难坏。”(《朱子语类》卷四性理一)

(12) 又问：“虽是驳杂，然毕竟不过只是一阴一阳二气而已，如何会恁地不齐？”曰：“便是不如此。若只是两个单底阴阳，则无不齐。缘是他那物事错揉万变，所以不能得他恰好。”(《朱子语类》卷四性理一)

其二，双音化转折关联标记增多，口语化增强。

在宋元时期，随着汉语口语化的增强，双音化转折关联标记及其构成的句式也进一步增多，语用频率大大增加，常用的重要转折关联标记“但是”开始出现，但仅仅构成单标突转句式“……，但是……”，且用例也不多，仅有4次。

（13）浦城山中有一道人，常在山中烧丹。后因一日出神，乃祝其人云：“七日不返时，可烧我。”未满七日，其人焚之。后其道人归，叫骂取身，亦能于壁间写字，但是墨较淡，不久又无。（《朱子语类》卷三鬼神）

（14）先生曰：“仰山庙极壮大，亦是占得山川之秀。寺在庙后，却幽静。庙基在山边。此山亦小，但是来远。到此溪边上，外面群山皆来朝。”（《朱子语类》卷三鬼神）

（15）因取礼记月令疏指其中说早晚不同，及更行一度两处，曰：“此说得甚分明。其他历书都不如此说。盖非不晓，但是说滑了口后，信口说，习而不察，更不去子细检点。而今若就天里看时，只是行得三百六十五度四分度之一。”（《朱子语类》卷二理气下）

从例中可以看到，双音化转折关联标记“但是”几乎都出现在《朱子语类》这部著作中。这部著作的口语化很强，其中很多都是对人物对话的实录，反映了当时的口语实际。唐贤清在《〈朱子语类〉副词研究》一书中讲到，“朱熹讲学用的是当时文人交际用的口语，他的门人弟子写入笔记虽然会有所加工，加以书面化，但毕竟是边听边记，不可能完全改成书面语，往往是直录朱熹的原话，保存了大量活的口语。因而，《朱子语类》的记载实际上是书面形式的口语，既有书面语成分，又有口语成分，大抵可以看作是朱熹与其门人讲学问答的实录，反映了当时文人的口语概貌。”[67]口语交际的实际需求导致汉语词语节律上的双音化，转折关联标记也跟着逐渐朝着双音化的方向发展变化。因此，双音化的关联标记越来越多，逐渐取代单音节关联标记，成为转折关联标记的主体。

其实，在唐代，已经出现可以重新分析的“但是”，如：“……可怜荒垄穷泉骨，曾有惊天动地文。但是诗人多薄命，就中沦落不过君。”（白居易《李白墓》）其中“但是诗人多薄命”与“就中沦落不过君”关联，意思是“但凡是诗人都多薄命，其中沦丧落魄者也没有超过李白的。”“但是”可以理解为总括副词和判断动词的组合形式“但凡是”。同时“但是诗人多薄命”又与上文的“曾有惊天动地文”形成对比，语义相反相对，且“但是”位于小句句首，起到了衔接上下文的关联词的作用，语义上可重新分析为转折关系。这一重新分析的转折义词“但是”得到进一步语用扩展，因而在宋代逐渐演变形成转折义词。与“但”演变出现时的语境类似，一般表示对上文的修正或补充，表示前、后分句间轻微转折的语义关系。

宋元时期，新出现的双音节转折关联标记还有“不过”。宋元时期的语料中出现“不过”61例，其中绝大部分还是用为否定副词“不”和动词“过”的跨界组合形式，都是状中结构，意思为“不超过”或者“不经过”，但是有3例可以重新分析为转折关联标记“不过”。判断标准是，用为跨界组合时，“不过”后面多为名词性成分；用为转折关联标记时，“不过”后面是谓词性结构，一般是动宾短语。

(16) 利根者画时解脱，钝根者或三五年，远不过十年。若不悟去，老僧与你入拔舌地狱。(《五灯会元》卷第十五)

(17) 上堂："我若说有，你为有碍。我若说无，你为无碍。我若横说，你又跨不过。我若竖说，你又跳不出。(《五灯会元》卷第十八)

(18) 这个皆是面前事，做得一件，便是一件。如易，便自难理会了，而今只据我恁地推测，不知是与不是，亦须逐一去看。然到极处，不过只是这个。(《朱子语类》卷三鬼神)

(19) 物受天地之偏气，所以禽兽横生，草木头生向下，尾反在上。物之间有知者，不过只通得一路，如乌之知孝，獭之知祭，犬但能守御，牛但能耕而已。(《朱子语类》卷四性理一)

例(16)中的"远不过十年"即"不超过十年"的意思。例(17)中的"跨不过"与"跳不出"对举出现，说明二者是相同的中补结构，"不过"是状中结构，意思为"跨不过去""跳不出来"。例(18)(19)则不同，"不过"后面的"是这个"和"通得一路"都是谓词性的动宾结构，而且用限定性的范围副词"只"加以限定，指出和前文所述不一致的情况，并用"不过"关联，表示轻微转折的语义关系。正是因为句法环境的改变，导致"不过"的语义关系发生改变，因而可以重新分析为转折关联标记。

除了出现双音节关联标记"但是""不过"外，一些在唐五代时期出现的双音节关联标记，在宋元时期的语用频率大幅增加，如“只是”从52次增至205次，“虽然”从78次增至185次，“然虽”从3次增至46次。这些现象都说明了汉语口语化的影响。

其三，典型关联标记形成，核心句式群增多。

从秦汉时期到宋元时期，很多转折关联标记如“乃、反、顾、顾而、顾反、徒、抑”消失了，但是也有很多关联标记保留下来了，如“但、而、却、然、虽、虽然、然虽、虽是、固、任、纵、纵然、便”等。这些关联标记还很活跃，使用频率很高，是典型的转折关联标记。围绕这些典型关联标记，不仅可以形成单标突转类句式，而且还可以形成多标突转类句式和多标让转类句式，形成一个个核心句式群。这些核心句式群内部，有的句式使用频率很高，是典型的核心句式，处于句式群的中心；有的句式使用频率较低，处于句式群的边沿。核心句式群中的句式围绕核心关联标记形成，具有“家族象似性”联系，呈现“典型范畴”的分布状态。宋元时期典型的核心句式群有“虽”类句式群、“但”类句式群、“却”类句式群、“虽然”类句式群、“然虽”类句式群、“虽则”类句式群、“固”类句式群、“纵”类句式群等8种。

围绕典型转折标记“却”构成的单标突转式有“……，却……”1种；多标突转式有“……，却又……”“……，却也……”“……，然却……”“……，然……却……”“……，而……却……”“……，然却又……”6种；构成的前后配套让转式有“虽……，却……”“虽然……，却……”“虽则……，却……”“固……，却……”“纵……，却……”“纵然……，却……”6种；构成的多标配套让转式“虽……，然……却……”1种，句式共计14种，使用频率

622次，其中"……，却……"是核心句式，使用频率579次，围绕"却"构成了"却"类核心句式群。

(20) 曰："经说佛性是常，和尚却言无常。善恶诸法乃至菩提心，皆是无常，和尚却言是常。此即相违，令学人转加疑惑。"(《五灯会元》卷第二)

(21) 一来见身上衣服脱在一壁，二来见斧头刀仗在身边，如何不理会得。朱真欲待要杀了，却又舍不得。[《闹樊楼多情周胜仙》(元)]

(22) 当下韩氏好一场惶恐，却也了想思债，得遂平生之愿。[《勘皮靴单证二郎神》(元)]

(23) 太史公历书是说太初，然却是颛顼四分历。(《朱子语类》卷二)

(24) 又问："子孙祭祀，却有感格者，如何？"曰："毕竟子孙是祖先之气。他气虽散，他根却在这里；尽其诚敬，则亦能呼召得他气聚在此……子孙之气于祖考之气，亦是如此。他那个当下自散了，然他根却在这里。"(《朱子语类》卷三鬼神)

(25) 论天地之性，则专指理言；论气质之性，则以理与气杂而言之。未有此气，已有此性。气有不存，而性却常在。(《朱子语类》卷四)

(26) 因论薛士龙家见鬼，曰："世之信鬼神者，皆谓实有在天地间：其不信者，断然以为无鬼，然却又有真个见者。"(《朱子语类》卷三)

(27) 州曰："汝若去，须辞和尚了去。"师礼拜退。州先到黄檗处曰："问话上座，虽是后生，却甚奇特。"(《五灯会元》卷十一)

(28) 师曰："汝道我在这里作甚麽？"曰："恁麽则不知教意也。"师曰："虽然如此，却不孤负汝。"(《五灯会元》卷七)

(29) 问："雪覆芦华时如何？"师曰："虽则冱凝呈瑞色，太阳晖后却迷人。"(《五灯会元》卷六)

(30) 郑仲履问："先生昨说性无不善，心固有不善。然本心则元无不善。"曰："固是本心元无不善，谁教你而今却不善了！"(《朱子语类》卷五)

(31) 上堂："若端的得一回汗出，便向一茎草上现琼楼玉殿。若未端的得一回汗出，纵有琼楼玉殿，却被一茎草盖却。(《五灯会元》卷十九)

(32) 若不能恁麽会得，纵然诵得十二韦陀典，只成增上慢，却是谤佛，不是修行。(《五灯会元》卷三)

(33) 故吕氏云："物有近人之性，人有近物之性。盖人亦有昏愚之甚者。然动物虽有知觉，才死，则其形骸便腐坏；植物虽无知觉，然其质却坚久难坏。"(《朱子语类》卷四)

围绕典型让转标记"虽"构成的单标突转式有"虽……，……"1种；构成的前后配套让转式有"虽……，但……""虽……，而……""虽……，然……""虽……，亦……""虽……，也……"

"虽……，却……""虽……，犹……""虽……，只……""虽……，只是……""虽……，争奈……"10种；构成的多标配套让转式"虽……，但亦……""虽……，然却……""虽……，然……不过"3种，句式共计14种，使用频率共计364次，其中"虽……，……"是核心句式，使用频率228次，围绕"虽"构成了"虽"类核心句式群。

围绕典型让转标记"虽然"构成的单标突转式有"虽然……，……"1种；前后配套让转式有"虽然……，却……""虽然……，也……""虽然……，亦……""虽然……，犹……""虽然……，争奈……""虽然……，只是……""虽然……，倒……"7种，句式共计8种，使用频率共计185次，其中"虽然……，……"是核心句式，使用频率143次，构成了"虽然"类核心句式群。

围绕典型转折标记"但"构成的句式就有"……，但……""虽……，但……""虽……，但亦……""虽则……，但……"、"固……，但……""纵……，但……"6种，句式共计6种，语用频次94次，其中"……，但……"是核心句式，语用频次为81次，构成了"但"类核心句式群。

要形成核心句式群，首先得有核心标记，一般来说，核心标记是出现得较早、语用频率较高的标记，在语用过程中，核心标记由单独使用到与其他标记前后配套使用、多标配套使用，逐渐形成以单标核心句式为核心的句式群，因此核心句式群的形成都有大致相似的过程，就是单标式——配套式——多标式。这也是合乎人类对事物的认识由浅入深由简单到复杂的认知规律的。如单标让转标记"虽"，出现得很早，秦汉时期以来一直高频使用，在秦汉时期就形成单标让转式 1 种，配套让转式 8 种；在晚唐五代时期形成单标让转式 1 种，配套让转式 8 种，但是具体标记有变化；宋元时期形成单标让转式 1 种，配套让转式 10 种，多标配套让转 3 种，句式群的规模越来越大。“虽然”“但”“却”等几个标记虽然出现的时间稍晚，见于晚唐五代时期，开始都是单标记使用形成单标突转或单标让转句式，到了宋元时期，它们的语用频率依然很高，而且与其他关系标记的搭配使用也很活跃，因此形成了相应的核心句式群。

5.6 明清时期的汉语有标转折复句

明清时期以《红楼梦》和《儿女英雄传》为语料进行考察，总计 100 余万字。考察发现，与宋元时期相比，这一时期出现更多转折关联标记，形成的转折复句句式也有所增加，达到 114 种，语用频次也大幅增加，达到 3 739 次。其中单标突转式 45 种、3 057 次、占 84%；前后配套式 48 种、533 次、占 14%；多标式 21 种、149 次、占 2%。具体用例及次数统计见表 5-4：

表 5-4　明清时期汉语有标转折复句使用情况统计

复句格式	复句句式 因版面限制，类似句式并置	语用次数		
		单标式	配套式	多标式
突转类	……，但 / 但是……	95/9		
	……，然 / 而 / 然而……	3/5/11		
	……，可 / 可是……	153/41		
	……，不过……	254		

表 5-4(续)

复句格式	复句句式 因版面限制，类似句式并置	语用次数		
		单标式	配套式	多标式
突转类	……，只不过 / 也不过 / 亦不过……			11/13/1
	……，不意 / 不料……	4/14		
	……，却……	500		
	……，只是……	346		
	……，但只是……			6
	……，却只是……			2
	……，又 / 也……	95/65		
	……，却也 / 却又……			41/17
	……，但又 / 而又……			2/2
	……，争奈 / 怎奈 / 无奈 / 奈……	5/12/31/1		
	……，倒……	256		
	……，反倒 / 倒反……	45/7		
让转类	虽……，……	676		
	虽……，亦 / 然 / 但 / 但是 / 却 / 也……		29/5/26/9/102/62	
	虽……，只是 / 又 / 而 / 倒 / 然而……		31/22/2/23/1	
	虽……，奈 / 争奈 / 怎奈 / 无奈 /……		5/1/2/9	
	虽……，却也 / 却又 / 但又 / 而又……			20/3/2/1
	虽……，却亦 / 亦不过 / 然却也……			1/1/1
	虽然……，……	114		
	虽然……，然 / 却 / 亦 / 也 / 又……		4/21/1/25/3	
	虽然……，但 / 倒 / 只是 / 不过……		7/9/5/2	
	虽然……，却又 / 却也 / 亦不过……			2/2/1
	然虽……，……	2		
	虽则……，……	6		

表 5-4(续)

复句格式	复句句式 因版面限制，类似句式并置	语用次数		
		单标式	配套式	多标式
让转类	虽则……，却 / 只是……		2/2	
	虽说……，……	61		
	虽说……，也 / 却 / 又 / 但 / 只是……		7/7/3/1/4	
	虽说……，却也……			2
	固……，……	17		
	固……，然 / 只是……		4/4	
	固然……，……	8		
	固然……，但……		5	
	不论……，……	23		
	宁……，……	23		
	不管……，……	9		
	……，不管……	5		
	别管……，……	4		
	别说……，……	5		
	……，别说……	4		
	别说……，就是 / 也……		4/8	
	别说……，就是……也……			18
	便……，也……		42	
	任……，……	17		
	任凭……，……	10		
	就是……，也……		22	
	就算……，……	10		
	就算……，也……		5	
	哪怕……，也……		2	

表 5–4(续)

复句格式	复句句式 因版面限制，类似句式并置	语用次数		
		单标式	配套式	多标式
让转类	随……，……	2		
	纵……，……	25		
	纵……，也 / 亦 / 奈 / 倒 / 然……		12/3/1/1/1	
	纵然……，……	8		
	纵然……，亦 / 也 / 不过 / 倒……		3/5/2/1	
	纵说……，……	2		
	纵使……，……	2		
假转类	……，不然……	61		
	……，除非……	11		
合计（百分比）		45/3057(84%)	48/533(14%)	21/149(2%)
		114/3 739(100%)		

从表 5-4 中可看出，明清时期的汉语有标转折复句具以下特点:

其一，新的转折关联标记大量出现，形成新的转折复句句式且语用频率高。

明清时期，书面语逐渐与口语合流，越来越通俗化、口语化，接近现代汉语，此一时期的四大古典通俗小说充分反映了这一变化。这一时期，汉语中重要的转折关联标记基本都出现了，比较重要的如“可、可是、倒、无奈、不管、别管、就是、不论、虽说、不然”等。这些新出现的转折关联标记与其他关联标记相互配合，形成了多种转折复句句式。“可”和“可是”是这一时期出现的重要的转折关联标记。在魏晋晚唐五代至宋元时期，“可”多用为助动词“可以”，用在谓语动词之前，表示“允许或者应该能够”之意；“可是”则用为疑问副词，在句中表示反诘或者询问，还没有用为转折关联标记。如下例所示：

（1）人皆如此，便可结绳而治，但恐狐狸猯貉啖尽。（《世说新语》品藻）

（2）陆平原河桥败，为卢志所谗，被诛。临刑叹曰：“欲闻华亭鹤鸣，可复得乎！”（《世说新语》尤悔）

（3）如是解时，不可断他众生善恶二根，可是菩提耶？（《祖堂集》卷三）

（4）人有问太傅：“子敬可是先辈谁比？”（《世说新语》）

（5）于是夜子时，有一天人名曰净居，于窗牖中叉手白言：“出家时至，可去矣。”（《五灯会元》卷一）

（6）师曰：“佛性平等，贤愚一致。但可度者，吾即度之。复何差别之有！”（《五灯会元》卷二）

（7）天色乎地，其气极紧。试登极高处验之，可见形气相催，紧束而成体。但中间气稍宽，所以容得许多品物。（《朱子语类》卷二）

（8）大抵言性，便须见得是元受命于天，其所禀赋自有本根，非若心可以一概桨言也。（《朱子语类》卷五）

（9）大尹也喜道：“这是你们的勾当，只要小心在意，休教有失。我闻得妖人善难隐形遁法，可带些法物去，却是猪血、狗血、大蒜、臭屎，把他一灌，再也出豁不得。”（《勘皮靴单证二郎神》）

到了明清时期，“可、可是”则作为转折关联标记大量涌现，经常用在小句之间，联接前后违逆的语义关系，如：

(10) 子兴道：“荣国府贾府中，可也玷辱了先生的门楣么？”(《红楼梦》第二回)

(11) 我年轻，不大认得，可也不知是什么辈数，不敢称呼。(《红楼梦》第六回)

(12) 但只是天长日久，只管这样，可叫人怎么样才好呢。(《红楼梦》第二十回)

(13) 马道婆听说如此，便笑道：“若说我不忍叫你娘儿们受人委曲还犹可，若说谢我的这两个字，可是你错打算盘了。”(《红楼梦》第二十五回)

(14) 凤姐便回王夫人说：“这些小和尚道士万不可打发到别处去，一时娘娘出来就要承应。倘或散了，若再用时，可是又费事。”(《红楼梦》第二十三回)

从上例中可以看到，明清时期的“可、可是”用在复句后分句的句首位置，后分句是完整的主谓小句或者主谓短语，“可、可是”只起纯粹的句间连接作用，标示后分句与前分句之间的违逆关系，形成转折关系复句。

“不过”在秦汉、魏晋至唐五代时期主要用为偏正短语，意思是“不超过”，还未虚化为转折关系连词，在宋元时期已有少量“不过”可以重新分析为转折关联标记，前文已有讨论。到了明清时期则已完全虚化为了转折关系连词，语用频率极大提高，而且与“也、只”等组合成多标转折关联标记“也不过、只不过”，其用例如下：

（15）贾珍，赖大等又点人丁，开册籍，监工等事，一笔不能写到，不过是喧阗热闹非常而已。（《红楼梦》第十六回）

（16）况此处并非主山正景，原无可题之处，不过是探景一进步耳。（《红楼梦》第十七回）

（17）他年小，不过以一知充十用，取笑罢了。（《红楼梦》第十七回）

（18）这一日，宝玉也不大出房，也不和姊妹丫头等厮闹，自己闷闷的，只不过拿着书解闷，或弄笔墨，也不使唤众人，只叫四儿答应。（《红楼梦》第二十一回）

（19）此时贾兰极幼，未达诸事，只不过随母依叔行礼，故无别传。（《红楼梦》第十八回）

（20）明公正道，连个姑娘还没挣上去呢，也不过和我似的，那里就称上"我们"了！（《红楼梦》第三十一回）

（21）纵然有这样大气，也不过是个糊涂人，也不为可惜。（《红楼梦》第三十二回）

在这些用例中，"不过、也不过、只不过"都是用在复句后分句的句首位置，表示轻微的转折关系，对前分句起补充说明作用。其中"也不过""只不过"是多标相连式，起强调作用，去掉其中的一个关联标记，仍然可以表达出前、后分句违逆的语义关系。

这一时期还出现了一个较为重要的转折关系副词"倒"。在秦汉、魏晋至唐五代时期，“倒”多用为动词和语气副词，明清时期出现了转折关系副词的用法，用在复句后分句中表示转折关系，以“倒”为中心相应出现了“反倒、倒反、倒是”等转折关联标记，形成了相应“……，倒/倒反/倒是……”的转折复句句式；并且与让步关联标记“虽、虽然”配合形成了让转句式“虽……，倒/倒是……”“虽然……，倒/倒是……”。略举几例如下：

(22) 你们打架已经使不得，又弄个野杂种什么何三来闹，你不压伏压伏他们，倒竟走了。(《红楼梦》第八十八回)

(23) 老祖宗看着也喜欢，怎么倒伤起心来呢。(《红楼梦》第八十八回)

(24) 我们宝玉别人伏侍他还不够呢，倒给人家当家去。(《红楼梦》第八十四回)

(25) 凤姐儿笑道：“这是怎么说呢，我饶说笑话给姑妈解闷儿，姑妈反倒拿我打起卦来了。”(《红楼梦》第九十九回)

(26) 他这一得了官，正该你乐呢，反倒愁起这些来！(《红楼梦》第四十五回)

(27) 凤姐忙道：“连你还这样开恩操心呢，我倒反袖手旁观不成。”(《红楼梦》第七十二回)

(28) 今日薛蟠又输了一张，正没好气，幸而掷第二张完了，算来除翻过来倒反赢了，心中只是兴头起来。(《红楼梦》第七十五回)

(29) 贾母道："那文的怪闷的慌，武的又不好，你倒是想个新鲜顽意儿才好。"(《红楼梦》第一百八回)

(30) 宝玉看见雪雁，犹想："因何紫鹃不来，倒是他呢?"(《红楼梦》第九十七回)

(31) 那僧道说："情缘尚未全结，倒是那蠢物已经回来了。"(《红楼梦》第一百二十回)

(32) 一面看那丫头，虽不标致，倒还白净，些微亦有动人处，羞的脸红耳赤，低首无言。(《红楼梦》第十九回)

(33) 虽是顽话，细想来倒有些意思。(《红楼梦》第五十七回)

(34) 这话虽是混话，倒也有些不差。(《红楼梦》第五十九回)

(35) 我说不如小人家人少，虽然寒素些，倒是欢天喜地，大家快乐。(《红楼梦》第七十一回)

(36) 代儒家道虽然淡薄，倒也丰丰富富完了此事。(《红楼梦》第十二回)

(37) 如今虽然听见失了玉，心里也甚惊疑，倒不好问，只得听旁人说去，竟像不与自己相干的。(《红楼梦》第九十五回)

这一时期还出现了一个假转标记"不然"，用在复句后分句中表示"如果不这样"就会出现与前分句预期相反的结果，其作用相当于"否则"。其用例如下：

(38) 黛玉冷笑道："我说呢，亏在那里绊住，不然早就飞了来了。"(《红楼梦》第二十回)

(39) 读书是极好的事，不然就潦倒一辈子，终久怎么样呢。(《红楼梦》第九回)

(40) 晴雯道："或是送件东西，或是取件东西，不然我去了怎么搭讪呢？"(《红楼梦》第三十四回)

(41) 尽到他们是理，不然，他们只当小看了他们了。(《红楼梦》第四十三回)

(42) 宝玉一旁笑劝道："姐姐还该擦上些脂粉，不然倒像是和凤姐姐赌气了似的。"(《红楼梦》第四十四回)

在这一时期出现的另一个有特色的转折标记是"无奈"。"无奈"一般用在转折复句后分句的句首位置，表示由于某些原因，不能实现前文所说的意图，因而出现与前分句预期不相符的情况，形成转折关系，包含有"可惜、惋惜"的意思。与"无奈"相似的另一个转折连词是"怎奈"，在魏晋唐五代至宋元时期用为"争奈"，到了明清时期，"争奈"尚有一定的用例，但逐渐被"怎奈"所取代。它们形成的转折复句句式有单标突转类"……，奈 / 无奈 / 怎奈 / 争奈……"；配套让转类"虽……，奈 / 无奈 / 怎奈 / 争奈……"。其用例如下：

(43) 贾母也曾差人去请众族中男女，奈他们或有年迈懒于热闹的。(《红楼梦》第五十三回)

(44) 因此，他令尊也曾下死笞楚过几次，无奈竟不

能改。(《红楼梦》第二回)

(45) 宝玉大不自在，争奈父女之情，也不好拦劝。(《红楼梦》第十二回)

(46) 此皆是你我之痴心，怎奈二爷错会奴意。(《红楼梦》第六十八回)

(47) 贾母等知他病未除根，不许他胡思乱想，怎奈他郁闷难堪，病多反复。(《红楼梦》第九十八回)

(48) 虽有几房姬妾，奈他命中无子，亦无可如何之事。(《红楼梦》第二回)

(49) 虽百般设法，无奈贾母王夫人执意不从，也只得罢了。(《红楼梦》第七十九回)

(50) 迎春虽不愿去，无奈惧孙绍祖之恶，只得勉强忍情作辞了。(《红楼梦》第八十回)

(51) 如今仲春天气，虽得了工夫，争奈宝玉因冷遁了柳湘莲，剑刎了尤小妹，金逝了尤二姐。(《红楼梦》第七十回)

(52) 贾妃虽不忍别，怎奈皇家规范，违错不得，只得忍心上舆去了。(《红楼梦》第十八回)

这一时期还出现了几个非常口语化的让步关联标记，如“虽说”“别说”、“就是”。“虽说”不仅可以作为让步标记用为单标让转句式“虽说……，……”，而且可以和“但、却、也、又、只是”等转折标记配合形成配套让转句式“虽说……，但/却/也/只是”，

使语用表达更加丰富多彩。例如:

(53) 王夫人到了晚上叫了凤姐过来说:“咱们家虽说不济,外头的体面是要的。”(《红楼梦》第一百一十回)

(54) 虽说服中不行礼,这个头是要磕的。(《红楼梦》第一百一十回)

(55) 又想起邢岫烟已择了夫婿一事,虽说是男女大事,不可不行,但未免又少了一个好女儿。(《红楼梦》第五十八回)

(56) 复又看看湘云宝钗,虽说都在,只是不见了黛玉,一时按捺不住,眼泪便要下来。(《红楼梦》第一百零八回)

(57) 他虽说是傻,也不肯叫我回去。(《红楼梦》第一百回)

(58) 虽说我现今身子不好,想来也不致落褒贬,必是比宁府里还得办些。(《红楼梦》第一百一十回)

(59) 提了林妹妹,虽说仍旧说些疯话,却觉得明白些。(《红楼梦》第九十七回)

(60) 中间虽说不是玉,却是绝好的硝子石,石上镂出山水人物楼台花鸟等物。(《红楼梦》第九十二回)

(61) 婶娘的侄儿虽说年轻,却也是他敬我,我敬他,从来没有红过脸儿。(《红楼梦》第一十一回)

以上是以“虽说”为中心形成的单标突转式和前后配套式用例,“虽说”在前分句中既可位于句首位置,也可位于主语、谓语之间，语用表达比较灵活。

“别说”也是一个很口语化的让步关联标记，原意为状中动词短语“不要说”，到了明清时期，有一部分经常位于复句前分句句首位置的语法化为了让步关联标记。“别说”可以用为单标让转句式“别说……，……”和“……，别说……”，还可以和其他转折关联标记配合形成让转句式“别说……，就是……”“别说……，也”，甚至还可以组合成多标让转句式“别说……，就是……也……”。

(62) 别说这个，有一年连草根子还没了的日子还有呢。(《红楼梦》第六十一回)

(63) 他原行的正走的正，你行动便有个坏心，连我也不放心，别说他了。(《红楼梦》第二十一回)

(64) 别说鸳鸯，就是那些执事的大丫头，谁不愿意这样呢。(《红楼梦》第四十六回)

(65) 别说想病好，求其不添，也就罢了。(《红楼梦》第六十四回)

(66) 别说你这样儿的，就是你爹，你爷爷，也不敢和焦大挺腰子！(《红楼梦》第七回)

(67) 别说自己的侄孙女儿，就是亲戚家的，也是要好才好。(《红楼梦》第一百一十八回)

(68) 别说老太太，太太心疼，就是我们看着，心里也疼。(《红楼梦》第三十四回)

其二，围绕核心标记搭配组合，核心句式群增多。

宋元时期，已经形成了“虽”类句式群、“但”类句式群、“却”类句式群、“虽然”类句式群、“然虽”类句式群、“虽则”类句式群、“固”类句式群、“纵”类句式群等8种核心句式群。到了明清时期，核心句式群数量增多，在宋元时期基础上有继承有发展。“虽”类句式群、“但”类句式群、“却”类句式群、“虽然”类句式群、“纵”类句式群、“固”类句式群等6种得以保留发展，具体句式有些微变化；“然虽”类句式群、“虽则”类句式群等2种只有核心句式出现，用例大大减少，退出句式群的历史舞台；因为新标记的出现，用例增多，增加了“只是”类句式群、“虽说”类句式群、“别说”类句式群、“纵然”类句式群等4种，因此，明清时期的转折类句式群达到10种之多。尤其是“虽”类句式群，形成的句式尤为庞大，有23种，比宋元时期增加了6种，是明清时期最大的转折句式群。具体句式有单标让转句式“虽……，……”1种；配套让转句式“虽……，而……”、“虽……，然……”“虽……，然而……”“虽……，但……”“虽……，但是……”“虽……，也……”“虽……，亦……”“虽……，又……”“虽……，却……”“虽……，只是……”、“虽……，倒……”、“虽……，奈……”“虽……，争奈……”“虽……，怎奈……”“虽……，无奈……”15种；多标让转句式“虽……，但又……”、“虽……，而又……”“虽……，却又……”“虽……，却也……”“虽……，却亦……”“虽……，亦不过……”“虽……，然却也……”7种，其中“虽……，……”是核心句式，用例高达676次。下面略举例说明。

（69）公子虽不愿意，无如自己要见父母的心急，除了这样也再无别法，就照着华忠的话，一边问着，替他给那褚一官写了一封信。（《儿女英雄传》第三回）

（70）家中虽不甚富贵，然本地便也推他为望族了。（《红楼梦》第一回）

（71）贾母等一则怕他招受寒暑，二则恐他睹景伤情，虽黛玉之柩已寄放城外庵中，然而潇湘馆依然人亡屋在，不免勾起旧病来，所以也不使他去。（《红楼梦》第九十九回）

（72）那姑娘道："我这个人虽是个多事的人，但事凡那下坡走马、顺风使船，以至买好名儿、戴高帽儿的那些营生，我都不会作。"（《儿女英雄传》第八回）

（73）贾政听明，虽不理他，但是心里刀绞似的，便道："完了，完了！不料我们一败涂地如此！"（《红楼梦》第一百零五回）

（74）那安老爷家的日子，虽比不得在先老辈手里的宽裕，也还有祖遗的几处房庄，几户家人。（《儿女英雄传》第一回）

（75）虽今日之茅椽蓬牖，瓦灶绳床，其晨夕风露，阶柳庭花，亦未有妨我之襟怀笔墨者。（《红楼梦》第一回）

（76）虽我未学，下笔无文，又何妨用假语村言，敷演出一段故事来，亦可使闺阁昭传，复可悦世之目，破人愁闷，不亦宜乎？"（《红楼梦》第一回）

(77) 他也有个儿子，名叫程代弼，虽不能文，却写得一笔好字，便求安老爷带去，不计修金，帮着写写来往书信。(《儿女英雄传》第二回)

(78) 说着便爬起来，要衣服换了，来见贾母，即时要过去。袭人见他如此，心中虽放不下，又不敢拦，只是由他罢了。(《红楼梦》第十三回)

(79) 安公子平日虽是方正严厉，见这等娇生惯养一个儿子，为了自己远路跋涉而来，已是老大的心疼，只是有见于"爱之能勿劳乎"合那"玉不琢不成器"的这两句话，不肯骄纵了他。(《儿女英雄传》第十二回)

(80) 因此大家不但不笑他，转都爱他敬他，虽是两家合成一家，倒过得一团和气。(《儿女英雄传》第十三回)

(81) 凤姐儿心中虽十分难过，但恐怕病人见了众人这个样儿反添心酸，倒不是来开导劝解的意思了。(《红楼梦》第十一回)

(82) 大家商议，虽有几个应该发配的，奈各人皆有原故：第一个鸳鸯发誓不去。(《红楼梦》第七十回)

(83) 如今仲春天气，虽得了工夫，争奈宝玉因冷遁了柳湘莲，剑刎了尤小妹，金逝了尤二姐，气病了柳五儿，连连接接，闲愁胡恨，一重不了一重添。(《红楼梦》第七十回)

(84) 那宝玉虽是个男人，用力摔打，怎奈两个人死命的抱住不放，也难脱身，叹口气道："为一块玉这样死

命的不放，若是我一个人走了，又待怎么样呢？”（《红楼梦》第一百一十七回）

（85）今被贾府家人唤至，逼他与二姐退婚，心中虽不愿意，无奈惧怕贾珍等势焰，不敢不依，只得写了一张退婚文约。（《红楼梦》第六十四回）

（86）宝玉笑道：“孔子阳虎虽同貌，却不同名，蔺与司马虽同名，而又不同貌，偏我和他就两样俱同不成？”（《红楼梦》第五十六回）

（87）王夫人听了，虽惊且怒，却又作难，因思司棋系迎春之人，皆系那边的人，只得令人去回邢夫人。（《红楼梦》第七十七回）

（88）晚间薛蟠告诉了他母亲。薛姨妈听了虽是欢喜，但又恐他在外生事，花了本钱倒是末事，因此不命他去。（《红楼梦》第四十八回）

（89）那花园虽不及大观园，却也十分齐整宽阔，泉石林木，楼阁亭轩，也有好几处惊人骇目的。（《红楼梦》第四十七回）

（90）忽听得窗外有女子嗽声，雨村遂起身往窗外一看，原来是一个丫鬟，在那里撷花，生得仪容不俗，眉目清明，虽无十分姿色，却亦有动人之处。（《红楼梦》第一回）

（91）虽其中大旨谈情，亦不过实录其事，又非假拟妄称，一味淫邀艳约、私订偷盟之可比。（《红楼梦》第一回）

（92）就如咱们两个，虽父母不在，然却也忝在富贵之乡，只你我竟有许多不遂心的事。”（《红楼梦》第七十六回）

其他新增加的句式群大致介绍一下，“只是”类句式群包括单标突转类句式有“……，只是……”1种，配套让转类句式有“虽……，只是……”“虽然……，只是……”“虽则……，只是……”“虽说……，只是……”“固……，只是……”5种，多标突转类句式“……，却只是……”“……，但只是……”2种，其中“……，只是……”是核心句式，用例为346次。

“虽说”类句式群以单标让转句式“虽说……，……”为核心句式，用例为61次，形成的配套让转句式有“虽说……，也……”“虽说……，但……”“虽说……，又……”“虽说……，却……”“虽……，只是……”等5种。

“别说”类句式群包括单标让转类句式有“别说……，……”“……，别说……”2种，配套让转类句式有“别说……，也……”“别说……，就是……”2种，多标让转类句式“别说……，就是……也……”1种。

“纵然”类句式群包括单标让转类句式有“纵然……，……”1种，配套让转类句式有“纵然……，也……”“纵然……，亦……”“纵然……，倒……”“纵然……，不过……”等4种,。

其三，多标配套句式大量增加，打破了单标句式的优势格局。

在秦汉时期，汉语有标转折复句句式以单标突转句式为主，单标句式与配套句式的比例为1.7∶1，多标句式尚未出现；魏晋至唐五代时期配套句式有所增加，但还是单标句式占优势地位，单标句式与配套句式的比例为1.9∶1，多标句式仍未出现；到了宋元时期，多标句式出现，配套句式也大量增加，单标句式与配套句式、多标句式的比例为1∶1.9，配套多标句式完全占据了优势；到了明清时期，由于大量新的让步关联标记和转折关联标记的出现，标记之间的配合使用更加经常频繁，多标配套句式大量增加，超过了单标句式，单标句式与配套句式、多标句式的比例为1∶1.5。尤其值得一提的是，多标句式在宋元时期仅出现9种、19次，明清时期多标句式出现21种句式，语用次数为149次，多标配套句式数量的增加充分说明了汉语语用表达的复杂性、灵活性和丰富性。

(93) 周瑞家的听了点头儿，因又说："这病发了时到底觉着怎么着？"宝钗道："也不觉甚怎么着，只不过喘嗽些，吃一丸下去也就好些了。"(《红楼梦》第七回)

(94) 虽其中大旨谈情，亦不过实录其事，又非假拟妄称，一味淫邀艳约、私订偷盟之可比。(《红楼梦》第一回)

(95) 尤氏虽天天过来，也不过应名点卯，不肯乱作威福，且他家内上下也只剩他一个料理，再者每日还要照管贾母王夫人的下处一应所需饮馔铺设之物，所以也甚操劳。(《红楼梦》第五十八回)

(96) 二人见礼已罢，安公子便向那鞘马子里拿出两吊钱来，放在那女子跟前，却又说不出个所以然来。(《儿女英雄传》第五回)

(97) 薛姨妈听了虽是欢喜，但又恐他在外生事，花

了本钱倒是末事，因此不命他去。(《红楼梦》第四十八回)

(98) 虽未成双，却也海誓山盟，私传表记，已有无限风情了。(《红楼梦》第七十二回)

(99) 就如咱们两个，虽父母不在，然却也忝在富贵之乡，只你我竟有许多不遂心的事。(《红楼梦》第七十六回)

(100) 你们这会子别说一千两的当头，就是现银子要三五千，只怕也难不倒。(《红楼梦》第七十二回)

(101) 王夫人迟了半日，才说道："你这话虽也有理，但只是老爷跟前怎么瞒的过呢。"(《红楼梦》第九十四回)

(102) 只因他虽说和黛玉一处长大，情投意合，又愿同生死，却只是心中领会，从来未曾当面说出。(《红楼梦》第六十四回)

但是从句式的语用频率来看，从秦汉以降一直是单标句式占优势，只是随着汉语的双音化、口语化的发展，配套多标句式的语用频率一直在增加，两者对比的格局有所缓和。单标句式与配套句式、多标句式总的语用频率之比，秦汉时期为18∶1，魏晋至唐五代时期为8∶1，宋元时期为8∶1，明清时期为4.5∶1。

总的来看，明清时期汉语有标转折复句的特点表现为：新的转折关联标记大量出现，配套让转复句句式和多标句式大量增加，形成了典型的转折句式群；因为配套句式多标句式的增加，语用频次和单标句式相比趋于缓和，但是仍然以单标句式为主；多标配套句式大量增加，打破了单标句式的优势格局。

5.7 现当代汉语中的有标转折复句

考虑到语体的一致性，现代汉语中选择前文已考察过的文学语体进行历时对比分析。考察的文学语体语料包括王朔的《一半是火焰一半是海水》(出自《王朔文集》，华艺出版社，1992)，陆天明的《大雪无痕》(长江文艺出版社，2007)，王小波的《我的舅舅》(出自《白银时代》，花城出版社，1997)，池莉的《来来往往》(作家出版社，1999)，老舍的《骆驼祥子》(人民文学出版社，1981)，钱钟书的《围城》(人民文学出版社，1991)，茅盾的《林家铺子》(浙江人民出版社，2001) 等现当代著名作家的作品，共计100余万字。考察发现，现代汉语转折复句句式比明清时期又大幅增加，达到128种，语用次数为3 065次。其中单标句式70种，语用次数为2 524次；多标配套句式44种，语用次数为452次。无论是句式数还是语用频率都是以单标句式为主。具体见表5-5。

表5-5　现当代汉语有标转折复句使用情况统计

复句格式	复句句式 因版面限制，类似句式并置	语用次数		
		单标式	配套式	多标式
突转类	……，却 / 但 / 但是……	247/338/67		
	……，而 / 还 / 还是……	155/124/38		
	……，可 / 可是……	149/424		
	……，不过 / 不料……	68/1		
	……，只不过 / 也不过 / 却不料……			12/4/1
	……，但却 / 但……却……/ 而……却……			5/13/3
	……，然而 / 谁知道……	28/8		

表 5–5(续)

复句格式	复句句式 因版面限制，类似句式并置	语用次数		
		单标式	配套式	多标式
突转类	……，又 / 只是……	114/169		
	……，却只是 / 而只是……			4/1
	……，就是 / 也 / 自然……	34/71/2		
	……，但又 / 却又 / 而又 / 但也……			12/15/4/8
让转类	虽 / 虽然 / 虽则……，……	15/45/2		
	虽……，可 / 但 / 而 / 却 / 可是 / 但是……		1/3/2/2/8/1	
	虽然……，但 / 但是 / 然而……		8/8/2	
	虽然……，可 / 却 / 而 / 可是 / 还是……		33/13/2/55/4	
	虽然……，但 / 然而……却……			5/2
	虽说……，可 / 但 / 但是 / 却……		7/5/1/1	
	虽则……，可 / 但 / 可是……		1/1/1	
	固然 / 诚然 / 不论 / 无论……，……	2/2/5/22		
	宁 / 宁可 / 宁愿……，……	1/4/2		
	……，虽 / 虽然 / 不论 / 无论 / 宁可 / 宁愿……	1/26/1/3/9/2		
	无论……，也 / 都……		2/11	
	宁愿……，也 / 却……		1/1	
	宁可 / 宁肯……，也……		1/2	
	甭管 / 不管 / 别说 / 别看 / 不问……，……	11/55/12/5/1		
	……，甭管 / 不管 / 别说 / 别看……	10/18/5/1		
	不管……，都 / 也……		26/1	
	即便 / 即使 / 尽管 / 任 / 再……	18/22/16/1/1		
	……，……即便 / 即使 / 尽管 / 任……	7/4/2/1		
	即使 / 即便……，也 / 还是……		25/2/30	
	尽管……，也 / 可 / 但 / 还是……		6/7/3/10	

表 5–5(续)

复句格式	复句句式 因版面限制，类似句式并置	语用次数		
		单标式	配套式	多标式
让转类	就是/就算/哪怕/随便/随/纵然……，……	8/13/4/1/9/1		
	……，就是/哪怕/随便/随/纵然……	34/3/1/4/1		
	就是/就算/哪怕/再/任凭……，也……		54/11/3/11/4	
	纵然……，又/也……		2/1	
假转类	……，否则/不然/要不/要不然……	41/5/10/5		
	……，除非/再不然/不然的话……	12/3/1		
	除非……，否则……		3	
	除非……，……	9		
合计（百分比）		70/2 524/82%	44/452/15%	14/89/3%
		128/3 065/100%		

从表 5-5 中可以看出，无论是突转类，还是让转类、假转类复句，单标式转折复句在现代汉语中依然处于优势地位。与明清时期相比，现代汉语中的有标转折复句也表现出了比较明显的特点。

其一，转折复句句式大量出现，但高频句式仍然是少数单标句式。

现代汉语文学语体中出现的有标转折复句句式多达 128 种，但是大多数句式的语用频率并不高，高频句式仍然是少数单标句式。语用次数超过 100 次的 8 种句式均是单标句式，如“……，可是……”424 次；“……，但……”338 次；“……，却……”247 次；“……，只是……”169 次；“……，而……”155 次；“……，可……”149 次；“……，还……”124 次；“……，又……”114 次。而大多数多标配套句式的语用频率很低，统计表明，58 种多标配套句式的语用次数才541次，平均才8.8次。这表明，现当代作家在语用表达中追求更加丰富多彩的表现方式，但转折关系表达的主体仍然集中在少数几种单标句式上。

其二，新的关联标记很少出现，新句式多由旧标记组合而成。

从统计中可以看到，与明清时期相比，现代汉语中的有标转折复句句式达到128种，比明清时期增加了14种，但是也可以看到，这些新增加的复句句式并不是因为语言中出现了新的关联标记造成的，而多是原有关联标记出现了许多新的组合关系导致的。如转折关联标记“但、却、而”在魏晋至唐五代时期就已出现，但多用为单标句式，在现代汉语中，这些转折关联标记除了仍然大量单用外，还形成多种多标配套句式。如“……，但却……”；“……，但……却……”；“……，而……却……”；“虽然……，但……却……”等，从而使有标转折复句句式大量增加了。美国著名的广告大师詹姆斯•韦伯•扬（James Webb Young）认为，“创意完全是把原来许多旧要素做新的组合”[68]。语言的创新也是如此，产生新的语言符号固然是创新，但更多的创新是把原有的语言符号做新的搭配组合，也就是语用创新。语用创新的固定化、习惯化就形成了新的语法形式。

其三，单音节关联标记句式明显减少，双音节关联标记句式显著增加。

现代汉语与古代汉语的明显区别之一是现代汉语词汇的双音节化。古代汉语的词汇以单音节为主，相应的转折关联标记也多是单音节的；到了现代汉语中，单音节词汇多转换成了双音节的。据统计分析，转折关联标记单双音节的变化情况是：秦汉时期 17∶5；魏晋至唐五代 11∶16；宋元时期 16∶17；明清时期 18∶30；现当代 12∶46。秦汉时期完全以单音节为主，魏晋至唐五代双音节大量增加，宋元时期不相上下，明清开始双音节占主导地位，现当代则双音节站绝对优势。由此形成的转折复句句式也呈现出以单音节为主到以双音节为主变化过程。例如，以单音节“虽”为让步关联标记的让转句式在古代汉语中的用例很丰富。在秦汉时期围绕单音节核心标记“虽”形成的“虽……，然/而/亦/然而……”的等让转句式群有 9 种，语用次数为 793 次；在魏晋至唐五代时期出现 10 种，语用次数为 565 次；在宋元时期出现 18 种，语用次数为 364 次；在明清时期出现 23 种，语用次数为 1 034 次；而到了现当代仅出现 7 种，语用次数仅为 32 次。

与此相对应，围绕双音节让步关联标记“虽然”形成的让转句式则逐渐增加，在秦汉时期“虽然”作为让步关联标记还未出现；在魏晋至唐五代时期出现 7 种，语用次数为 84 次；在宋元时期出现 8 种，语用次数为 185 次；明清时期出现 13 种，语用次数为 196 次；到了现当代出现 10 种，语用次数为 175 次。

通过考察表明汉语从单音节到双音节的历时变化是很明显的。

除了“虽”与“虽然”外，另两组让步关联标记“固”与“固然”“纵”与“纵然”形成的让转句式也有相似的历时变化。

其四，非常规语序句式大量出现，语用表达多样化、复杂化。

前面已提到，汉语有标转折复句是对现实生活中的的转折关系事件的象似性表达。根据“顺序象似性”和“时间象似性”原则，转折复句前、后分句之间的常规语序无疑也要遵循事件发生的先后顺序，一般用“A……，但是 B……”或“虽然 A……，但是B……”或“A……，否则B……”等句式或者相似句式来表达，也就是遵循“从A到-B”的顺序。这是一种从“旧信息到新信息，从句在前主句在后”的常规语序。但是有时由于语用表达的需要，人们为了凸显“-B”的结果，而将转折关系小句“-B”置于句首，然后补充说明引起“-B”这一结果的原因“A”，从而形成“从-B到A”即从“新信息到旧信息，主句在前从句在后”的非常规语序，因而一般采用“-B……，虽然A……”句式或者相似句式来表达。

统计中发现，从秦汉时期到明清时期，汉语转折复句都是采用“从A到-B”的常规语序，“从-B到A”这种非常规语序的复句句式基本没有出现。到了现当代，这种句式出现了18种，语用次数为132次，比常规语序转折复句的语用频率低。它们都是关联标记居于后分句之首的单标记让转句式，如“……，虽……”“……，虽然……”“……，即使……”“……，尽管……”等。

(1) 他说他非常爱自己的姑姑，但是他不能接受姑姑的观点，虽然姑姑的观点听起来很让人舒服顺耳。(王蒙：《坚硬的稀粥》)

(2) 我不主动问他到重庆干什么去了，虽然我那么想知道。(梁晓声：《京华闻见录》)

(3) 他说：“一个商品如要实际发生交换价值的作用，它就必须先放弃它的自然形体，由想象的金，转化为现实的金——虽然这种变质作用之于商品，比由必然到自由的推移之于黑格尔哲学，比甲壳的脱弃之于蟹，比旧亚当的脱离之于教父喜埃洛尼玛斯，还要难。”(张贤亮：

《绿化树》)

(4) 这种姑娘怎么也不能引起我的好感，当客人对待也觉得别扭，别说当儿媳妇了！（梁晓声：《京华闻见录》)

(5)“这床被子还能盖，”他说，“别看被里和网套破了被面还能洗几水。”(张贤亮：《习惯死亡》第三部)

(6) 我真希望，受青年尊敬的，有威望的人们，能够很慷慨地对许多青年说：“你是一个好青年……”即使这个青年本身并不怎么好，如我一样。(梁晓声《京华闻见录》)

(7) 一则是他曾向几个女人这样说过，其中肯定有她，更重要的是因为那对眼睛，她的眼睛，他在任何地方都能看到她的那对眼睛，即使现在在飞机上。(张贤亮：《习惯死亡》第二部)

(8) 这个世界到处弥散着情欲的气氛，即使在这肃穆的教堂里。(张贤亮：《羊杂碎》)

(9) 王贤良自然再也不屑正眼看待刘志芳了，尽管刘志芳一再试图接近他。(池莉：《你是一条河》)

(10) 我满口答应了北影朋友求我的事儿，尽管我觉得这件事儿不无可笑的成分。(梁晓声：《冉之父》)

(11) 他巴望着能有一个适当的机会，以一种巧妙的方式，幸运地将石根先生请到家里作客，哪怕就是一个小时的工夫呢！（梁晓声：《激杀》)

张炼强(1997)认为，这种非常规语序是一种凸显语序，所谓凸显语序就是立足于焦点，负载说话人的兴趣、心绪和态度等等，凸显语序受到“凸显原则”的制约，属于超常语序。“凸显语序”的使用，决定于说话人的主观选择，涉及信息重心的转移等等，是典型的语用语序[69]。因此，“虽然”等让步关联标记后置形式采用这种主句在前、从句在后的超常语序，目的就是为了凸显主句，后分句只是起到补充说明的作用。例（1）~（11）都是通过这种主句、从句语序的易位来凸显说话人的态度、心绪、兴趣等，达到表达新信息或信息焦点的作用。因此，信息结构原则中“凸显信息或焦点信息”的需要，是汉语超常语序存在和发展的重要因素之一。

这一部分，我们以大量的统计数据，较为详细地展示了汉语有标转折复句在各个历史时期的使用情况，显示了汉语有标转折复句的历时变化和特点，从而可以寻求其中的变化规律。

第六章　汉语有标转折复句的历时变化轨迹及相关解释

6.1 汉语有标转折复句的历时变化轨迹

前面的统计考察显示了汉语有标转折复句在上古汉语时期、中古汉语时期、近代汉语时期和现代汉语时期的分布和语用状况。范晓曾说："如果把上古汉语、中古汉语、近代汉语、现代汉语这些不同时代的静态的汉语体系进行比较，就会发现它们之间在语音、词汇、语法上虽有继承性、共同性的一面，但又有互相背离的、显著差别的一面。"[70]虽然没有做到将上古汉语直至现代汉语等静态的汉语体系进行全面的比较，但是从汉语有标转折复句这一个角度的历时考察，可以很清楚地看到，汉语有标转折复句句式及语用频率在汉语的各个历史时期呈现此消彼长的动态变化的轨迹，充分显示了汉语在不同历史时期的静态的汉语体系之间的历史继承性和显著差异性。可谓"窥一斑而知全豹"。

汉语有标转折复句句式及语用频率在汉语的各个历史时期呈现此消彼长的动态变化，是指各种具体的转折关联标记及其构成的复句句式的语用频率，它们的动态变化相应表现出了各个静态汉语体系的变化。但是这种体系之间的动态变化并不影响各个体系及其子体系的功能格局。也就是说，各个时期的静态汉语体系都是相对完整的，功能是相同或者相似的。现将汉语有标转折复句在各个历史时期的使用情况统计于表6-1。

表6-1 汉语有标转折复句历时用例统计

复句格式	复句句式	秦汉时期 句式/频次	魏晋唐五代 句式/频次	宋元时期 句式/频次	明清时期 句式/频次	现当代 句式/频次
突转类	单标式	15/2 392	9/606	13/1 557	21/1 952	17/2 037
	配套式					
	多标式			6/16	9/95	12/82
让转类	单标式	4/724	19/668	17/544	22/1 033	45/401
	配套式	11/174	23/166	52/244	48/533	43/449
	多标式			3/3	12/54	1/5
假转类	单标式		1/4	1/13	2/72	8/86
	配套式					1/3
	多标式					
合计（百分比）	单标式 %	19/3 116 95%	29/1 328 89%	31/2 114 89%	45/3 057 84%	70/2 524 82%
	配套式 %	11/174 5%	23/166 11%	52/244 10%	48/533 14%	44/452 15%
	多标式 %			9/19 1%	21/149 2%	14/89 3%
		30/3 290	52/1 494	92/2 377	114/3 739	128/3 065

总的来看，汉语有标转折复句使用的历时变化表现在以下几个方面。

6.1.1 句式逐渐增多，体系越来越庞大

统计考察表明，从秦汉时期的上古汉语到五四以后的现代汉语，汉语转折关联标记越来越多，构成的复句句式也越来越多，

有标转折复句体系越来越庞大，语用表达越来越多样化。从表 6-1 中可以很清楚地看到，在秦汉时期，汉语有标转折复句句式出现 30 种，使用频率为 3 290 次；魏晋至唐五代时期出现 52 种，但语用频率偏低，仅为 1 494 次；宋元时期出现 92 种，语用频率为 2 377 次；到了明清时期出现 114 种，语用频率为 3 739 次；到了五四以后的当代时期，汉语有标转折复句句式出现 128 种，语用次数为 3 065 次。可以看出，汉语各个历史时期出现的有标转折复句句式数量增长很快，从秦汉时期的 30 种增长到现当代的 128 种，形成了一个个有标转折复句句式群，形成了庞大的体系。有标转折复句句式的语用频次除了魏晋至唐五代时期较低以外，都保持在一个相对很高的状态，而且总数相差不大。这也说明了汉语有标转折复句体系在各个历史时期的功能没有大的变化，此消彼长的是具体的复句关联标记及其构成的句式。复句句式逐渐增多，有标转折复句体系越来越庞大，语用表达越来越多样化。

6.1.2 单标式复句和多标配套式复句呈互逆的发展趋势

从表 6-1 的统计数据中可以很清楚地看出，单标式复句一直是汉语有标转折复句的主体，秦汉时期高达 95%，此后逐渐递减，到现当代时期仍然为 82%。这里的单标式复句包括单标突转类复句、单标让转类复句、单标假转类复句。从表中可以看到，单标式复句无论是复句句式数量还是语用频次，从古至今都处于一种绝对的优势地位，其中又以单标突转类复句为主体。但是，随着时间的推移，单标式复句的优势地位也在慢慢地发生变化，具体表现为历时递减的趋势；相应地，多标配套式复句虽然一直处于弱势地位，但是却呈现出一种历时递增的趋势，从秦汉时期的5%增至现当代时期的18%。多标配套式复句包括多标配套突转类复句、多标配套让转类复句和多标配套假转类复句。其中以多标配套让转类复句为主体。

如表6-1所示，在秦汉时期单标式复句出现19种3 116次、占95%，多标配套式复句出现11种174次、占5%；魏晋至唐五代时期单标式复句出现29种1 328次、占89%，多标配套式复句出现23种166次、占11%；宋元时期单标式复句出现31种2 114次、占89%，多标配套式复句出现61种263次、占11%；明清时期单标式复句出现45种3 057次、占84%，多标配套式复句出现69种682次、占16%；现当代单标式复句出现70种2 524次、占82%，多标配套式复句出现58种541次、占18%。统计数据显示，单标句式虽然一直是汉语有标转折复句的主体，但语用频率从秦汉时期的95%逐渐降低到现当代的82%；多标配套句式的语用频率则从秦汉时期的5%逐渐上升到现当代的18%。这组数据很好地显示了单标式复句在汉语有标转折复句中的主体地位，以及单标式复句和多标配套式复句互逆的发展趋势。

可以这样说，单标式复句的主体地位和高频率凸显了语用的经济性原则；而多标配套式复句的增长则凸显了语用表达的灵活性和丰富性。因此，从历时的角度来看，汉语的语用表达在秦汉时期虽然经济实用，但略显单调；但是随着古代汉语向现代汉语的转变，汉语的语用表达不仅经济实用，而且越来越灵活多样、丰富多彩。

6.1.3 高频句式具有一定的历时替代关系

考察发现，汉语有标转折复句在各个历史时期的高频句式均是单标句式，但是又各不相同，具有一定的替代关系。秦汉时期的高频句式是单标突转类句式“……，而……”和“……，然……”，其中“……，而……”共计出现1 815次，这个语用次数是相当高的，“……，然……”出现208次；单标让转类“虽……，……”出现645次，也是比较高的。这说明在秦汉时期基本上是用单标记“而、虽”来标记转折关系复句的。“……，而……”和“虽……，……”是这一时期的典型有标转折句式，围绕让转标记“虽”还形成了转折复句句式群。

魏晋至唐五代时期，汉语有标转折复句的总体语用次数比较低，但其中相对较高的是单标句式“……，却……”和“虽……，……”。单标突转类标记“却”在魏晋至唐五代时期才出现，形成的单标句式“……，却……”语用次数为171次，取代秦汉时期的第一高频句式“……，而……”(仅81次)，成为魏晋至唐五代时期的语用次数最高的单标突转类句式。单标让转类句式“虽……，……”的语用次数为310次，比秦汉时期低了一半多，但是这一时期另一个比较口语化的单标让转句式“虽然……，……”开始出现，且语用频率达到109次，替代了“虽……，……”的部分功能。

宋元时期，汉语有标转折复句的高频句式依然集中在多个单标句式上，其中单标突转类句式“……，却……”的语用次数为579次，成为这一时期的第一高频单标句式。其他语用频次也比较高的单标突转类句式依次是“……，而……”457次，“……，只是……”194次，“……，也……”168次。这时，单标让转句式

“虽……，……”出现228次，仍然是语用频率最高的让转句式，另一单标让转句式“虽然……，……”出现143次。

明清时期，汉语有标转折复句的高频句式依然集中在多个单标句式上，其中单标突转类“……，却……”的语用次数为500次，成为这一时期的第一高频单标突转句式。其他也比较高的单标突转类如“……，只是……”346次，“……，倒……”256次，“……，不过……”254次，“……，可……”153次，“……，但……”95次。而秦汉时期以来的高频句式“……，而……”仅出现5次，可见“……，而……”的功能都被这些后起的句式所取代了。这时，单标让转句式“虽……，……”出现676次，仍然是语用频率最高的让转句式，另一单标让转句式“虽然……，……”出现114次。

到了现当代，汉语有标转折复句的高频句式仍然集中在单标突转句式上，但是语用频率最高的既非“……，而……”也非“……，却……”，而是又一个新面孔“……，可是……”，出现424次。其他的高频单标突转句式还有“……，但……”338次，“……，却……”247次，“……，只是……”169次，“……，而……”155次，“……，可……”149次，“……，还……”124次，“……，又……”114次。但是，这时高频的让转句式却不是单标句式，而是多标配套句式“虽然……，但……”，尽管其语用频率才83次，但却打破了单标句式的垄断地位。过去一直占优势地位的单标让转类“虽……，……”仅出现15次，“虽然……，……”有所增加，也才45次。

由此可见，在不同的历史时期，汉语有标转折复句的高频句式各不相同，突转类复句高频句式从秦汉时期的“……，而……”

到魏晋唐五代至宋元明清时期的“……，却……”再到现当代的“……，可是……”；让转句式复句从秦汉到明清时期一直是“虽……,……”，到了现当代则为多标配套式“虽然……，但……”取代，均表现出一种历时替代关系。

6.1.4 口语化标记句式逐渐增加，从古沿用至今的句式很少

汉语从古代汉语发展到现代汉语，在语音、词汇、语法等方面都发生了很大的变化。词汇方面的显著变化就是文言词汇逐渐淡出历史舞台，词汇双音节化、口语化。因此，现代汉语有标转折复句中也表现出了文言标记句式减少、口语化标记句式增加的特点。如“……，不意……”“……，然……”“……，然则……”“……，争奈……”“固……，……”“固……，然……”“纵……，……”“纵……，亦……”“纵……，却……”等句式在现代汉语中很少出现，当然，在新闻语体的语料中尚有少数用例。与此相对应的是，双音节化、口语化标记的句式则大量增加，如“虽然……，但是……”“别说……，……”“哪怕……，……”“无论……，……”“……，要不然……”“……，不然的话……”等。

但是，这种消长现象不是无缘无故的，而是基于语言体系自身变化的一种历时替代关系，也就是说，一种文言标记的消失必然宣告一种具有同样功能的口语化标记的出现。因此，当“亦、然、然则、不意、纵、固”等具有文言色彩的关联标记，以及由他们形成的有标转折句式在现代汉语中消失时，“也、然而、不料、纵然、固然”等口语化的关联标记就活跃起来了。

也正是因为汉语的这种历时替代关系，能够从古代沿用至当

代的有标转折复句句式很少。统计表明，从秦汉时期一直沿用至今的突转句式仅有3种，分别是："……，而……""……，然而……""……，又……"；让转句式仅有2种，分别是："虽……，……""宁……，……"。从魏晋至唐五代时期沿用至今的突转句式有"……，但……""……，不料……""……，却……""……，只是……"等4种；让转句式有"虽……，但……""虽……，却……""虽然……，……""虽然……，却……""虽则……，……""任……，……"等6种；假转句式有"……，除非……"。这也从另一个角度显示了汉语的历史继承关系。

总的来看，汉语有标转折复句从古代汉语到现代汉语的历时变化中，最突出的特点表现为：有标转折复句句式越来越多，有标转折复句体系越来越庞大，语用表达越来越多样化；高频句式一直以单标句式为主体，单标式复句的语用频率呈历时递减的趋势，多标配套式复句的语用频率呈历时递增的趋势，而且各个历史时期的高频句式不相同，具有历时替代关系；在这一古今变化中的另一个特点是文言标记句式减少、口语化标记句式增加，从古沿用至今的句式很少。

6.2 汉语有标转折复句历时变化的相关解释

本部分力图对汉语有标转折复句的历时变化做出相关的解释，包括汉语有标转折复句体系的形成，有标转折复句体系的丰富化，单标式复句的主体地位，以及单标式复句与多标配套式复句互逆的发展趋势等方面。

6.2.1 有标转折复句体系的形成与“家族象似性”动因

通过统计考察，可以发现汉语有标转折复句体系的形成及其发展具有明显的“家族象似性”动因。“家族象似性”（family resemblance）是 Wittgenstein（1953）提出来的一个认知语言学概念，是指同一个范畴内的成员之间具有象似性的联系。[71]“范畴”一词在认知语言学中是个用途很广且含义模糊的术语。一种事物（如椅子）及其类似成员可以构成一个范畴，一类事物（如家具）及其包含事物可以构成一个范畴。因此，范畴是指事物在人们心理认知中的归类。客观世界是由千变万化的事物组成的，大脑为了充分认识客观事物，就必须采取有效的方式对其进行储存和记忆。所以，大脑对事物的认识不能是杂乱的，而是采取分析、判断、归类的方法将其进行分类和定位。世界上所有的事物和现象都有其特性，人们根据这些特性来认识事物。但经过认知加工后的世界是主客观相结合的产物，是认知世界，不是纯客观世界了。这种主客观相互作用对事物进行分类的过程就是范畴化的过程，其结果即认知范畴。范畴化是人类对世界万物进行分类的一种高级认知活动，在此基础上人类才具有了形成概念的能力，才有了语言符号的意义。[30]从认知的角度看，所有的范畴都是模糊范畴。其含义是指：其一，同一范畴的成员不是由共同特性决定的，也就是说，没有哪一组特性是所有成员共有的，而是由家族象似性决定的，即范畴成员之间总是享有某些共同特性；这样，有的成员比其他成员享有更多的共同特性，即模糊的象似性。其二，既然有的成员比其他成员享有更多的共同特性，就可以根据其享有的共同特性来决定其成员的身份，比其他成员享有更多共性的成员为该范畴的典型的和中心的成员，即原型，其他成员为非典型成员或边缘成员。因此，一个范畴的边界是不明确的，在边缘上与其他范畴相互交叉。

范畴化认知过程又涉及原型的概念和理论。原型是物体范畴最好、最典型的成员，而其他成员具有不同程度的典型性，如麻雀就比鸵鸟和企鹅更属于“鸟”的范畴。所以，对范畴的确定是一个围绕原型建构的模糊的识别过程。原型范畴具有以下特点：首先，决定范畴内涵的属性及其数目是不确定的，相对于人的认知需要而有所变化。其次，特征也有中心的、重要的区别属性和边缘的、非重要的属性之分，其中新属性有更大的区别性，其边缘属性与临近范畴属性相交叉。再次，范畴成员之间具有互相重叠的属性组合，即所有成员享有部分属性，形成家族象似性。最后，成员之间的地位不是平等的，具有中心成员和边缘成员之分，具有更多共同属性的成员是中心成员。范畴围绕原型这个认知参照点建构，其边界依成员典型性程度向外扩展，形成边界难以确定的更大的范畴。

以前对于“范畴”和“原型”的研究仅限于事物范畴、事件范畴和词汇范畴。[30] 而世界是由事物和关系组成的。人们通过完形感知、动觉和意象，不仅获得对事物认知的能力，而且获得了认识事物关系的能力。这种对事物之间关系的认知构成了另一个重要的认知层面，莱考夫（Lakoff，1987）称之为动觉意象图式，简称为意象图式。意象图式是在对事物之间基本关系的认知的基础上所形成的认知结构。所以意象图式可以说是对事物关系范畴的认知。[72]

但是，世界上的关系除了事物范畴之间的关系外，还有一种很重要的关系，那就是事件范畴之间的关系。对于这种关系的认知研究，好像还没有涉及。因此，很有必要建立一个“事件关系范畴”，来探讨事件之间的关系。事件关系范畴最基本的有并列关系、因果关系，在语言系统中则表现为并列关系复句、因果关系复句。这是一种对纯客观事件关系范畴的认知和象似性表达。如果在特定的条件下，事件之间的关系出现了有违人们常规认识的结果，则表现为转折关系和转折关系复句。本书所研究的有标转折复句即是其中之一种。作为一个“事件关系范畴”，可以发现汉语有标转折复句体系的形成及其发展具有明显的“家族象似性”动因。

6.2.2 有标转折复句就是对有违常规事件关系的临摹

罗素（B.Russell，1951）在《意义和真理的探索》中曾说：“我认为，在句子的结构和句子推行的实施的结构之间存在着一种可以发现的关系。”这种关系就是通常所说的理据。罗素认为，语言和世界具有相同的结构机制，可以通过分析语言的结构来认识世界的结构。而在当前的语言学界则有一种倾向，即通过分析“世界的结构”来认识语言的结构，以认知为基础的功能语法在这方面做出了努力。……雅各布逊曾用凯撒（Caesar）的名言说明语序的理据：“Veni，vidi，vici（我来了，我看见了，我征服了）。”凯撒的名言所表现的语序和事件发生的顺序是一致的，也就是说这句名言的语序是对事件顺序的象似性表达。自从雅各布逊引用凯撒的名言说明语序的理据以来，语序临摹或称线性临摹（linear iconicity）成了认知功能语法有关文献中讨论最多的题目之一。其基本观点是句子或词语的顺序反映了思维的顺序与事物发展的顺序。[73]

邢福义从1980年开始致力于现代汉语复句研究，他把转折复句独立为一大类，跟因果类复句和并列类复句相对立，并从理论上阐明了转折类复句和非转折类复句之间的关系，指出“因果类各种关系和并列类各种关系反映事物间最基本最原始的关系，转折类各种关系则是在基本的原始的联系的基础上产生的变异性联系”；并提出了“常态”和“异态”的理论。[5] 由此可以看出，因果类关系复句和并列类关系复句是对事物最基本最原始事件关系的客观反映，但是，客观事物间的关系并非总是有因必有果，有时会表现为异于常态的“异态”，转折类关系复句就是对事物间这种“异态”事件关系的临摹性表达，因而带有很强的主观性色彩。

6.2.3 汉语有标转折复句句式群内部具有明显的“家族象似性”

认知功能语言学理论认为，“家族象似性”是指同一个范畴内的成员之间具有象似性的联系。范畴是围绕“原型”这个认知参照点建构，其边界依成员典型性程度向外扩展，形成边界难以确定的更大的范畴。20 世纪 70 年代，著名心理学家罗施（Rosch）通过对颜色范畴、鸟范畴及其他物体的实验证明，原型具有普遍的意义，对范畴的形成起到了关键的作用。他“把原型看作与同一概念的成员有更多的共同特征的实例，它是一个特定的具体的表象……从概念结构的角度来看，一个范畴或概念的原型是它的最佳实例，是一个特定的个体，从而使诸概念能区分开来；但在一个概念内部，原型与更多的其他成员有共同的特征。”[71] 因此，原型是范畴内体现范畴特点最好、最典型的成员，而其他成员具有不同程度的典型性，也就是与原型具有不同程度的象似性。

那么，人们在语言运用过程中为什么要围绕“原型”建构具有家族象似性的范畴呢？认知功能语言学理论认为，语言都是人类有关经验情景的表达，而这种基于独立个体的经验情景是千变万化、复杂多样的，因此仅有“原型”概念是无法满足多样化的表达需要的。兰盖克（Langacker）认为语言是根据某些概念原型（conceptual archetype）组织的：“在我们的经验中，那些反复出现并且截然不同的方面，他们是作为原型出现的。在尽可能的情况下，我们一般使用原型来组织我们的思想。由于语言是我们用来描述经验的手段，因此我们把这些原型看作是基本语言构体（constructs）的原型特征是自然的”[71]。他认为这些原型由于以下原因而以不同的方式扩展：“原型扩展的出现……是因为我们在解读新的或不熟悉的事物时倾向于参照先前已有的事物；其次是来自表达的压力，即怎样使一个规约单位的有限集能够适应语言表达的无尽的、时刻变化的环境”。[71]

作为一个事件关系范畴，汉语有标转折复句句式体系理所当然有自己的原型句式。其原型句式是那些出现较早、语用频率高、能产性强、能充分体现转折复句特点的句式。因此，在汉语有标转折复句发展的各个历史时期，那些高频率的单标句式一般是原型句式，围绕原型句式而形成的多标配套句式是原型句式的象似性拓展，与原型句式有着家族象似性关系，形成一个个转折句式群，进而形成了汉语有标转折复句句式体系，以适应语言表达的的多样化需求。

如前所示，在秦汉时期，高频率的单标句式有“……，而……”“虽……，……”“……，然……”，它们都是原型句式。为了适应表达的多样性，以这些原型句式为认知参照点，进行象似性拓展，就形成了与原型句式具有家族象似性的多标配套句式："……，然则……""……，然而……""虽……，而……""虽……，然……""虽……，然而……""虽……，亦……"等。可以看出，上述3个原型句式的语用频率和象似性拓展能力均有一些差别，所以原型成员之间也是有差别的，有的原型拓展能力强，有的原型则要差一些。实际上，我们可以按家族成员间象似性的程度高低，将各个时期汉语有标转折复句体系用图表示出来。

从图6-1中可以很清楚地看到，秦汉时期的汉语有标转折复句体系主要是围绕"虽……，……""……，然……""……，而……"三个原型句式，通过家族象似性拓展而形成的，其中"虽……，……"的象似性拓展能力最强。总体来看，这一时期有标转折复句的拓展句式还不多，整个体系还比较简单。

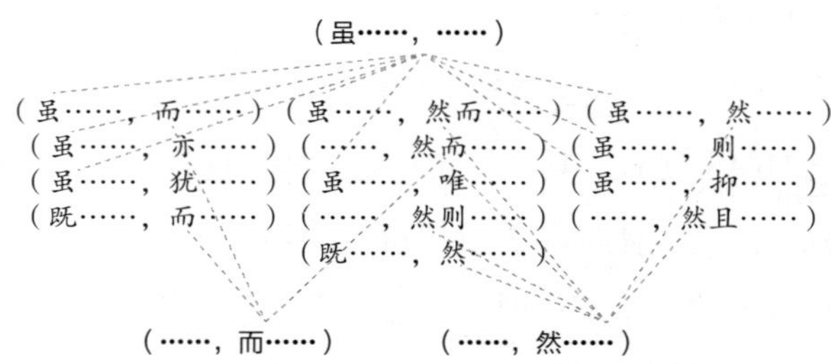

图6–1 秦汉时期有标转折复句原型句式及象似性句式拓展

到了魏晋至唐五代时期，原型句式"虽……，……"的拓展能力进一步增强，比秦汉时期多了1种句式。除此之外，这一时期又增加了"虽然……，……""虽则……，……""……，却……""……，只是……"等原型句式，它们都有一定的拓展能力，因此，魏晋至唐五代时期的转折复句句式比秦汉时期大量增加，转折复句体系复杂化、多样化。限于版面的有限性，图 6-2 仅列出了几种有代表性的原型句式及其象似性拓展句式。

(虽……，争奈……)(虽……，只是……)(固……，只是……)
(……，争奈……)(……，但……)

(……，只是……)

(固……，……)(虽……，但……)(虽……，而……)(虽……，然……)
(虽……，却……)(虽……，亦……)

(……，而……)　(虽……，……)　(……，却……)

(……，然则……)(……，然而……)(虽然……，却……)(虽然……，亦……)

(……，然……)　(虽然……，……)　(虽则……，……)

(虽然……，犹……)(虽然……，也……)(虽然……，争奈……)
(……，虽然……)(……，虽则……)(虽则……，犹……)(虽则……，但……)

图 6-2　魏晋至唐五代时期有标转折复句原型句式及象似性句式拓展

到了宋元时期，原型句式“虽……，……”的拓展能力进一步增强，相似拓展句式达到 18 种句式；原型句式“虽然……，……”的相似拓展句式达到 8 种；此外，还有“然虽……，……”“虽则……，……”等原型句式相似拓展能力也进一步增强。因此，宋元时期的转折复句句式比魏晋至唐五代时期又大量增加，转折复句体系复杂化、多样化。限于版面，图 6-3 仅列出了几种有代表性的原型句式及其象似性拓展句式。

到了明清时期，原型句式“虽……，……”的相似句式达到 23 种，仍然是拓展能力最强的原型句式。与此同时，“虽然……，……”“虽说……，……”“虽则……，……”“……，却……”“……，只是……”等原型句式的拓展能力也增强了，其中，与“虽然……，……”相似的句式拓展到13种；“虽说……，……”的相似句式拓展到7种；“虽则……，……”的相似句式拓展到3种；“……，却……”的相似句式拓展到12种；“……，只是……”的相似句式拓展到6种；“……，但……”的相似句式拓展到5种。明清时期的有标转折句式共计达114种，限于版面，图6-4仅列出了几种有代表性的原型句式及其象似性拓展句式。

（虽……，而……）（虽……，然……）（虽……，亦……）（虽……，也……）
（虽……，却……）（虽……，犹……）（虽……，但……）（虽……，只……）
（虽……，只是……）（虽……，争奈……）（虽……，则……）（虽……，倒……）
（虽……，可……）（虽……，又……）（虽……，但亦……）
（虽……，然……却……）（虽……，然……不过……）

（虽……，……）（虽然……，……）（然虽……，……）（虽则……，……）

（虽然……，也……）（虽然……，犹……）（虽然……，却……）
（虽然……，只是……）（虽然……，争奈……）（虽然……，倒……）
（虽然……，亦……）（然虽……，也……）（然虽……，只……）
（然虽……，犹……）（然虽……，争奈……）（虽则……，怎奈……）
（虽则……，但……）（虽则……，却……）（虽则……，倒……）

图6-3　宋元时期有标转折复句原型句式象似性句式拓展

从图6-1至6-4中可以很清楚地看到，汉语有标转折复句句式从秦汉时期到明清时期在原型句式的基础上不断进行象似性拓展，使汉语有标转折复句体系不断发展壮大。从图中可以看到，某一种拓展句式可能和几种原型句式有家族象似性联系，表现出一种交叉重叠的关系。这是客观事件关系复杂性的表现，有标转折复句体系只是对这种事件关系的临摹性表达。

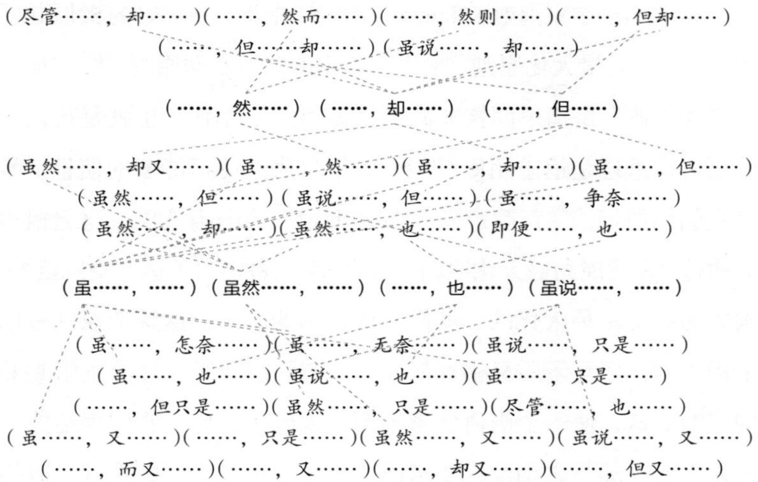

（尽管……，却……）（……，然而……）（……，然则……）（……，但却……）
（……，但……却……）（虽说……，却……）

（……，然……）（……，却……）（……，但……）

（虽然……，却又……）（虽……，然……）（虽……，却……）（虽……，但……）
（虽然……，但……）（虽说……，但……）（虽……，争奈……）
（虽然……，却……）（虽然……，也……）（即便……，也……）

（虽……，……）（虽然……，……）（……，也……）（虽说……，……）

（虽……，怎奈……）（虽……，无奈……）（虽说……，只是……）
（虽……，也……）（虽说……，也……）（虽……，只是……）
（……，但只是……）（虽然……，只是……）（尽管……，也……）
（虽……，又……）（……，只是……）（虽然……，又……）（虽说……，又……）
（……，而又……）（……，又……）（……，却又……）（……，但又……）

图 6-4　明清时期有标转折复句原型句式及象似性句式拓展

6.2.4 语用最大经济性原则和表达能力最大化原则的博弈平衡

前面的历时考察表明，汉语有标转折复句发展的每一个历史时期，都是单标式句式占绝对优势地位，表现在单标式复句语用句式多，语用频次高。但是随着历史的发展，汉语有标转折复句的单标句式和多标配套句式呈现出互逆的发展趋势，具体表现：单标句式的语用句式数量和语用频率虽然一直占据绝对的优势地位，但是明显呈历时递减趋势（从秦汉时期的95%逐渐降低到当代的82%）；相反，多标配套句式的语用句式数量和语用频率虽然一直处于弱势地位，但是明显呈历时递增趋势（从秦汉时期的5%逐渐上升到当代的18%）。这充分反映了汉语有标转折复句的历时变化，凸显了语用最大经济性原则和表达能力最大化原则。汉语有标转折复句的发展充分体现了这两大语用原则之间的博弈平衡。

构式语法学家海曼（Haiman)(1985）指出，“最大经济性原则”和“表达能力最大化原则”是语言组织的普遍心理原则。[39]“最大经济性原则”是指不同构式的数量尽可能最小化。也就是说，一个语言体系总是追求用尽可能少的符号表达尽可能多的信息。所以我们总是追求“言简意赅”“辞达而已”的语用效果。与之相对应的是“表达能力最大化原则”。这一原则是指为了达到交际目的，构式的数量是最大化的。就像一块硬币的两面，这两个原则是相生相克的，相互矛盾又相互依存。一方面最大经济性原则限制着构式的数量，使一个语言体系不至于太庞大；另一方面表达能力最大化原则却与之相反，要求语言中存在更多不同的构式，以使语言表达生动活泼、丰富多彩。一个好的语言体系必须做到这两个方面的博弈平衡，使语言使用者所处的世界中的每一个不同的事物都有一个不同的标签。

从前面的历时考察中可以看出，除魏晋至唐五代时期外，汉语有标转折复句在各个历史时期总的语用次数都差不多，说明在不同历史时期，人们对转折关系范畴的运用情况没有大的差别。在秦汉时期，主要是通过提高单标句式的语用频率，来控制有标转折复句句式的数量，凸显出了最大经济性原则。这一时期，19种单标句式的语用次数为3 116次，占总次数的95%；配套句式11种，语用次数为174次，占总次数的5%；从整体来看，单个句式的语用次数为109次。由此可以看出，秦汉时期的语言运用以较少的句式就能实现交际的目的，非常简洁经济实用，凸显了最大经济性原则。

到了魏晋至唐五代时期，汉语有标转折复句总的语用次数并不高，才1 494次，单标句式的语用频率明显降低，29种句式的语用次数为1 328次，占总语用次数的89%；23种配套句式的语用次数为166次，占11%；单个句式的语用次数为28次。语用句式的增多和单个句式语用次数的降低说明魏晋至唐五代时期人们的语用表达开始多样化。

到了宋元时期，汉语有标转折复句总的句式和语用频率都形成一个小高峰。出现句式达到92种，语用次数2 377次，其中单标式复句出现31种2 114次，占89%；配套式复句出现52种244次，占10%；多标式复句出现9种19次，占1%。由此可见，单标句式依然保持了很高的语用频率，凸显了语用的经济性原则，多标配套句式的大量出现则充分显示了语用表达能力最大化原则。

到了明清时期，汉语有标转折复句总的句式和语用频率都达到一个高峰。总计出现句式114种，语用次数3 739次，其中单标式复句出现45种3 057次，占84%；多标配套式复句出现48种533次，占14%；多标式复句出现21种149次，占2%。由此可见，单标句式依然保持了很高的语用频率，凸显了语用的经济性原则，多标配套句式的大量出现则充分显示了语用表达能力最大化原则。

现当代时期，共计出现句式128种，语用次数3 065次，其中单标式复句出现70种2 524次，占82%；多标配套式复句出现44种452次，占15%；多标式复句出现14种89次，占3%。可见到了现当代，汉语有标转折复句的运用依然保持了单标句式高频率的主体地位，凸显了语用的最大经济性原则；多标配套句式的大量出现则充分显示了语用表达能力最大化原则，达到一种博弈平衡状态。

从上面的分析可以看出，在语言表达中，人们首先总是选用原型来组织思想，这样可以使语言表达简洁高效实用，所以汉语有标转折复句中的单标句式的语用频率总是居高不下，居于主体地位。但是总是用原型未免使语言显得有些单调，而且随着社会的发展变化，新的事物和新的语用情景不断出现，况且人们总是有一种求新求异的心理，因此，原型的扩展形式不断涌现，大量的多标配套句式不断涌现，语言表达也就越来越丰富多彩。所以，人们在语用表达中，总是在保证语用的经济性原则的基础上，追求语用表达能力最大化的原则，从而达到一种博弈平衡。

6.2.5 有标转折复句的变化与联系项居中原则

刘丹青（2003）指出，“联系项居中原则对连词的语序也有强有力的制约作用……语序比较灵活的复句在很大程度上也遵循联系项原则。汉语除了完全不用连接成分的意合句外，基本上使用下面几种策略连接复句：一是只在后分句上使用前置连词；二是前、后分句都用前置性连词；三是前分句上使用后置连词或框式连词。这几种策略保证有一个联系项存在于两个分句的中介位置。”[31] 通过考察发现，在汉语有标转折复句体系的历时变化过程中，复句句式越来越多，复句体系越来越庞大，语用越来越丰富多彩。但是，转折复句的主体一直都是居中黏结式复句，也就是只在后分句句首位置使用前置关联标记的复句，语用频率一直很高；其次是前后配套式复句，也就是前、后分句句首分别都用前置关联标记的复句，这种复句的语用频率越来越高，很好地体现了联系项居中原则的强有力的制约作用。

刘丹青（2003）认为，联系项居中原则对汉语介词类型的制约是非常明显的，有时表现为强制性句法规则，有时表现为话语中的优势频率，有时表现为历时演变的动因。从汉语有标转折复句的历时变化来看，联系项居中原则不仅对介词有这样的制约，对连词同样如此，因为连词与介词有蕴涵性共性，在汉语有标转折复句体系的历时变化过程中，这种制约作用是很明显的。

首先表现为话语中的优势频率，前面的统计表明，从秦汉时期到现当代时期，单标居中黏结式复句（具体表现为单标突转式复句）一直是汉语有标转折复句的主体，使用频率虽然呈历时递减的趋势，但一直保持在80%以上的高频使用状态，充分凸显了联系项居中原则的制约力量。

其次是表现在让转类复句单标式使用频率的减少和多标配套句式使用频率的增加上。从表6-2中可以很清楚地看到，让转类复句的总体语用频率在各个时期数量不等，没有什么明显的变化规律，但是句式数量一直呈快速增长状态，从秦汉时期的15种一直增至当代的89种，表现为语用丰富多彩的变化性。其中从单标句式和多标配套句式的对比来看，有明显的变化趋势，那就是虽然句式数量都在高速增长，但是二者的语用频率却呈相反的方向发展变化，单标句式的语用频率不断下降，而多标配套句式的语用频率不断上升。单标式的语用频率从秦汉时期的81%下降到当代的48%；而多标配套句式的语用频率则从秦汉时期的19%上升到当代的52%。在秦汉至魏晋唐五代时期、宋元至明清时期，这种互逆变化的幅度变化不大，在魏晋唐五代时期至宋元时期、明清时期至现当代时期，这种互逆变化的幅度变化比较大，均超过了10%。这就说明汉语在秦汉至魏晋唐五代时期、宋元至明清时期内部一致性较高，变化不是很明显；相反，在魏晋唐五代时期至宋元时期、明清时期至现当代时期，汉语的内部一致性较低，汉语变化明显。这可以给汉语史的分期研究提供一定的佐证。单标让转式复句的关联标记一般位于前分句的句首位置，是一种居端依赖式复句，其有违“联系项居中原则”。在共时平面的研究表明，居端依赖式复句主要表现为对后分句中“副词”或者“句子语气”的依赖，虽然这种依赖关系可以用转折关联标记明确标示出来，但是标记性不是很明显。而多标配套式复句除了前分句有让步关联标记外，后分句也有前置转折关联标记关联，形成前让后转的“框式关联”模式，“联系项居中原则”很明显表现出来。因此，从秦汉时期到现当代时期，单标让转式复句使用频率的减少和多标配套句式使用频率的增加的历时演变，就是使转折关联标记向“居中”的位置转移，使转折关联标记居于常规位置，符合世界语言普遍仅有的“联系项居中原则”，具有语言语序类型学意义。

表6-2　让转类复句单标式与多标配套式的历时变化表

复句格式	复句句式	秦汉用例 句式/频次	唐五代用例 句式/频次	宋元用例 句式/频次	明清用例 句式/频次	现当代用例 句式/频次
让转类复句	单标式	4/729	19/666	17/544	22/1033	45/411
	比例	81%	80%	69%	64%	48%
	配套式	11/174	23/166	52/244	48/533	43/449
	多标式			9/19	12/54	1/5
	比例	19%	20%	31%	36%	52%
	合计	15/903	42/832	69/788	82/1620	89/865

6.3 小　结

本章考察了汉语有标转折复句的历时语用情况，分秦汉、魏晋唐五代、宋元、明清和现当代五个时期，分别统计了100万字共计400多万字的连续文本语料，统计表明汉语有标转折复句在各个历史时期有不同的语用特点。

汉语有标转折复句从秦汉时期到现当代的历时变化中，最突出的特点表现为：汉语有标转折复句句式越来越多，有标转折复句体系越来越庞大，语用表达越来越多样化；高频语用句式一直以单标句式为主体；单标式复句的语用频率呈历时递减的趋势，多标配套式复句的语用频率呈历时递增的趋势。各个历史时期的高频句式不相同，具有历时替代关系；在这一古今变化中的另一个特点是文言标记句式减少，口语化标记句式增加，从古沿用至今的句式很少。

汉语有标转折复句句式由秦汉时期的30种增至现当代的128种，这种巨大的变化可以用认知语言学的“家族象似性”来解释。从句法结构理据来看，有标转折复句本身就是对有违常规事件关系的临摹，汉语有标转折复句句式之间具有明显的“家族象似性”联系，多标配套句式是基于原型单标句式的象似性拓展。一直居于主体地位的高频单标句式和句式数量越来越多的多标配套句式的历时互逆性发展趋势，充分显示了人们在语用表达中，总是在保证“语用经济性原则”的基础上，追求“语用表达能力最大化原则”，从而达到一种博弈平衡。

汉语有标转折复句体系由单标句式数量和语用频率递减、多标配套句式数量和语用频率递增的变化凸显了“联系项居中原则”的力量，显示了语言的语序类型学共性。

第七章　有标转折复句的跨语言比较

本书前几章从共时平面和历时发展等方面，对汉语有标转折复句语用情况进行了考察，对汉语有标转折复句在现代汉语不同语体中的语用情况及影响有标转折复句的因素进行了探讨。然后对汉语有标转折复句在汉语发展的各个历史时期的语用频率进行了详尽的统计分析，并对其历时变化做出了相关解释。本部分从类型学的角度对汉语有标转折复句进行进一步探讨，将汉语与英语、日语中的有标转折复句进行对比分析，以期发现有价值的类型学规律。

7.1 语言类型学和连词参项

7.1.1 语言类型学及其意义

语言类型学是当代语言学的一个分支，也是当代语言学的一大流派。当代语言类型学的全称是“语言共性与语言类型学（language universals and linguistic typology）”。语言学界公认 Greenberg（1963）的《某些主要跟语序有关的语法普遍现象》是当代语言类型学的开山之作。另一本语言类型学名作是 Croft（1990）的《语言类型学与语言共性》(*Typology and Universals*)。由此可见语言类型学和语言共性研究的这种“二而一”的关系。因此，语言类型学也可以进一步简称为“类型学”。[31]

把语言类型学当作语言学的一个分支，是就类型学的研究对象来说的。语言学家往往了解熟悉不止一种语言，但许多学者的研究对象还主要集中在一种或少数几种语言上，或致力于描写、解释该语言的众多现象，或在此基础上进行理论创造。类型学家的工作则有所不同。类型学家致力于从跨语言（及跨方言）的角度观察研究人类语言，通过跨语言比较寻求或验证语言共性，再以语言共性为背景更透彻地揭示具体语言的特点并以此将众多语言归为若干类型。因此，语言类型学的研究可以弥补单一语言研究的不足，为观察人类语言的本质提供了单一语言研究所达不到的视角，也为单一语言的研究提供了在语言内部所达不到的视角。在此意义上，类型学家的工作和其他语言学者的研究有互补关系，于是语言类型学成为语言学的分支学科。

把语言类型学作为一个流派，是着眼于类型学的理论背景和方法。20 世纪 50 年代后期以来，以生成语法为主的形式语言学成为西方语言学的主流。70 年代以来，包括认知语言学在内的广义的功能主义语言学异军突起，挑战形式主义语言学的基本理念，成为国际语言学界不可小觑的重要流派。语言类型学总体上与功能主义的关系更近一些，但是又有明显区别于形式主义和功能主义两大流派的地方。

类型学主要以其研究方法而不是理论思辨为特色。类型学认为光凭对少数语言的发掘（哪怕是很深入的挖掘）是无法全面了解人类语言的共性的，因此，类型学致力于拓宽语言学的材料视野，以期在更加广阔也更加可行的基础上构建关于人类语言的语法理论。尽管在类型学的旗帜下，有的学者倾向于形式学派，有的学者倾向于功能学派，但是要通过跨语言比较而不是单一语言的研究来探求人类语言的共性，是他们高度一致的观念。因此，完全可以把当代语言类型学看作一种不同于形式学派和功能学派的主要语言学流派。语言类型学不仅重视跨语言的对比研究，而且重视语言跨时代的研究，相信跨时代的研究比单纯的共时研究能更加全面地看到人类语言的本质。因此，几乎所有的类型学家都关心语言的历时问题，这也是类型学区别于其他主要语言学流派特别是形式学派的一大特点。于是，语言类型学和一些历时研究的理论如语法化理论等也形成了相互交叉的密切关系。

7.1.2 语序类型与连词参项

当代语言类型学像其他流派一样，主要关注语法研究，其中语序更成为当代类型学的核心领域，Greenberg（1963）的里程碑论文就是围绕语序展开的。在语序问题中，介词（adposition）的语序类型又占有举足轻重的位置，因此，国内外许多类型学著作都是以介词为参项来研究语序类型的，被称为语序类型学。根据在句子语序中出现的位置，又将介词分为前置词（preposition）和后置词（postposition）两类。前置词是指位于小句的句首位置来介引小句的虚词；后置词则是指位于小句的句末位置来介引小句的虚词。Greenberg（1995）指出，在前置词、后置词之外还有“框式介词”

（circumposition），框式介词就是位置在前后都被框住的虚词。语序类型学就是根据前置词、后置词或者框式介词在语言中的出现情况来判定一种语言的类型。

介词只是虚词中的一种，当然是很有特点的一种，因此被类型学家作为一种重要的参项来研究语言类型。实际上，汉语中的虚词还有很多，连词就是其中一种，也是一种很重要的语言类型学参项。刘丹青（2003）认为，“连词其实也有前置后置之分，虽然不像介词那么明显；并且连词的前置后置跟介词的前置后置有最密切的类型相关性。这种相关性在类型学上还注意得不够，所以即使在英语文献中也还没有专用术语来称呼它们……为了照顾连词和介词分开的语法学传统，我们让前置词、后置词专指介词，而对连词则分别称前置连词、后置连词”。[31]

本部分将以转折关联标记为参项，对汉语有标转折复句进行类型学分析。

7.2 汉语有标转折复句关联标记与联系项居中原则

7.2.1 汉语有标转折复句关联标记的位置

前面的共时和历时统计考察表明，汉语有标转折复句中的关联标记出现的位置比较固定，一般居于复句分句的句首位置，属于典型的“前置连词”，没有“后置连词”。刘丹青（2003）指出，“普通话没有真正的后置并列连词，但有虚化度低的后置性关联词语，如‘老王也好，老张也好，都不同意’中的‘也好’，部分体现了跟后置介词的和谐。上海话则有较发达的后置连词系统，包括后置并列连词与前置并列连词并存，跟前后置并列介词并存的局面完全和谐”。在我们统计的现代汉语语料和历时考察语料中，所有的关联标记（包括让步关联标记、转折关联标记和假转关联标记）都是“前置连词”，没有出现“后置连词”。

语序和虚词是汉语语言表达的重要的语法手段，连词是虚词中最重要的类别之一。汉语是前置词语言，汉语连词通常是以前置连词为主。在汉语复句的前、后分句中，都可以使用前置连词。前者是先行前置连词，后者为后续前置连词。那么哪种位置是前置连词的优先位置呢？刘丹青（2003）认为，Dik 关于联系项的“优先位置”有着很强的经验基础、预测能力和理论能力，联系项的优先位置是前后句之间的位置，因此，汉语有标转折复句中联系项的优先位置应是后续前置连词。正如 Dik 自己所指出的，联系项原则具有很强的预测力，它覆盖的结构很多，其预测力至少在很强的统计意义上是正确的。据对汉语发展各个历史时期有标转折复句使用情况统计，发现汉语转折关联标记一直在朝着“居中”的位置发展。具体表现为以“……，但……”“……，但是……”等为代表的单标突转类复句的使用频率一直占据着主体地位，单标突转类复句中的转折关联标记是典型的后续前置连词，居于复句前、后分句之间的“居中”位置。同时，“虽然”类让步关联标记与“但是”类转折关联标记搭配使用越来越经常，导致多标配套式复句的语用频率越来越高，单标让转类复句的使用频率越来越低，使复句的后分句之首这个关联标记的“优先位置”越来越突出。

为了更好地显示关联标记向“居中”优先位置的变化情况，我们单独考察了以“虽（然）”为核心标记的让转类复句语用频率的历时变化情况。让转类复句可分为单标式和多标配套式两类，单标式的关联标记居于前分句的句首位置，属于居端依赖式，是有违“联系项居中原则”的。多标配套式则通过转折关联标记的添加，保证了联系项的“居中”位置。具体统计情况见表 7-1。

表 7–1　以“虽（然）”为核心标记的让转类复句语用频率历时变化表

句句式	秦汉用例	唐宋用例	明清用例	当代用例
虽……，……	645	310	676	15
虽……，而 / 然而……	54	49		2
虽……，亦 / 然 / 但 /……	77	22	57	3
虽……，却 / 也……		11	164	2
虽……，只是……		3	31	
虽……，争奈 / 怎奈……		3	3	
虽……，奈 / 无奈……			14	
虽……，又 / 却又 / 但又 / 而又……			28	
虽……，倒 / 倒是……			32	1
虽……，可 / 可是 / 但是……			2	10
虽然……，……		109	114	45
虽然……，却 / 倒……		4	30	14
虽然……，亦 / 也 / 又 /……		15	29	
虽然……，却又……			2	
虽然……，只是……			5	
虽然……，但 / 但是……			7	91
虽然……，可 / 可是……				88
虽然……，然而……				2
虽然……，但……却……				5

表 7–1(续)

句句式		秦汉用例	唐宋用例	明清用例	当代用例
合　计（　百分比）	单标让转式％虽（然）……，……	645(83%)	419(80%)	790(65%)	60(22%)
	多标配套式％虽（然）……，但……	131(17%)	107(20%)	407(35%)	218(78%)
		776	526	1197	278

从表 7-1 中可以很清楚地看到，尽管以“虽”“虽然”为让步关联标记组成的让转句式在各个历史时期的语用次数有很大的差异，明清时期高达 1 197 次，现当代仅为 278 次，但是随着历史的发展，有标让转复句的单标式和多标配套式的语用频率呈互逆的发展趋势：单标让转类从秦汉时期的 83% 逐渐降低到现当代的 22%；多标配套式则从秦汉时期的 17% 逐渐上升到现当代的 78%。单标让转类复句的关联标记居于前分句的句首位置，是先行前置连词；而多标配套式让转复句则通过后续前置连词转折关联标记的添加，将复句的重心明显后移，转折关联标记“居中”的位置得到凸显。这就表明从秦汉时期以来，汉语转折有标复句中的关联标记一直在向“居中”的位置发展。这是汉语连词受“联系项原则”制约和影响的一个强有力的佐证。

因此，可以根据本书的研究和“联系项理论”的影响力大胆地预测汉语中绝大部分前置关联标记的发展倾向：汉语关联标记以后续前置关联标记为主，汉语的后续前置关联标记的使用频率远远高于先行前置关联标记，复句的后分句之首是汉语转折关联标记的“优先位置”。《现代汉语频率词典》(1986) 也证实了这一点：在使用频率最高的五个转折关联标记“可、可是、但是、但、虽然”中，前四个均为后续前置关联标记，且使用频率均高于先行前置关联标记“虽然”。正如刘丹青（2003）指出的，在关联标记的匹配框架形式中，如果去掉其中的一个，那么一般要去掉先行关联标记，因为“居中”才是关联标记作为“联系项”的优先位置。当然，也不排除与此相反的情况，如“因为、所以”这一对关联标记，在现代汉语中的表现与“虽然、但是”恰恰相反。方梅（2000）指出，在自然口语中表达因果复句时，常常省略“所以”而不是“因为”。《现代汉语频率词典》（1986）的统计数据也显示“因为”的使用频率高于“所以”。其实，这与Dik联系项理论中的“优先位置”并不矛盾，因为“优先位置”这一概念就说明他的原则不是绝对共性，而是倾向共性。因此，对汉语关联标记发展的预测是一种倾向性的，而不是绝对的毫无例外的共性。

7.2.2 语序类型学理论与联系项居中原则

现代语言类型学是由格林伯格（Joseph H.Greenberg）开创的，他把语言类型学研究从形态结构转移到句法层面，旨在揭示各语言的句法特征的共性和个性，进而归纳出语言的类型来。Greenberg提出的语序类型学原则包括蕴涵共性、优势语序及语序和谐性等。Greenberg之后，很多类型学学者发展了他的语序类型学的不同部分。如Vennemann与Lehmann发展了格林伯格的语序和谐理论，提出基本原则语序和谐模型，Hawkins注意优势语序的发展，追求无例外的语序共性，用量化的方式来处理语序类型的和谐性，并认为语序共性与和谐性会影响语言的历史演变，希望找出在语言的历史演变中也不违背共性的机制。Dik（1997）在研究语言语序共性时提出了若干条总原则，其中最重要的原则之一是“联系项理论”。他认为连词、介词、格标记、各种从属小句的引导词等都是“联系项”中的成员，其共同作用是将两个有并列或从属关系的成分连结成一个更大的单位，并且标明两个成分之间的关系。Dik 对“联系项”提出两条语序原则：其一，联系项位于两个被联系成分之间；其二，如果联系项位于某个被联系成分上，则它会在该被联系成分的边缘位置。[74] 刘丹青（2003）根据 Dik 的“联系项理论”，从介词这个重要的语序类型参项着手，结合汉语史、普通话、吴语，通过对三者的描写与比较，用充分的事实说明汉语语序表面的诸多不和谐背后仍存在“和谐”的一面，较好地说明了支配汉语介词语序的几个最重要的原则即联系项居中原则、和谐语言、时间顺序原则、信息结构原则等。“联系项居中原则”是对 Dik 的“联系项理论”的进一步概括。刘丹青从类型学角度对汉语介词，尤其是多年来被忽视的后置介词进行了系统的研究，从而建立起更为全面的汉语介词理论。他还提出应把连词作为语序类型学的一个重要参项，认为介词和连词的类型是最紧密也是最纯粹的和谐配对。连词类型确实是与介词类型相关的参项，连词与介词的语序类型具有一致性。他把连词按照其语序位置及特点分为前置连词、后置连词、框式连词和配套连词，指出汉语是以前置连词为主的语言，预测了汉语连词的优势语序应是位于复句的后一分句，这主要体现了“联系项原则”的作用。这些观点不仅扩大了国内研究汉语连词的视野，提供了研究汉语的新视角，而且对整个人类语言类型学的研究也有一定的贡献，刘丹青虽然没有就连词参项做过多论述，但其中的许多观点为我们重新审视连词和连词在汉语史中的发展演变提供了新的理论和视角。

“虽然”类和“但是”类转折关联标记单用形式为什么会减少，而“虽然”类和“但是”类转折关联标记搭配结构为什么会兴起？为什么出现“虽然”类转折关联标记会出现在复句的后一小句即“虽然”类转折关联标记后置？这些变化的出现，一方面固然受到了语义的制约，另一方面我们也应该看到“虽然”类和“但是”类转折关联标记的语序特点，以及潜藏在它们背后的语序原则的制约，这也是推动两类转折关联标记可以搭配的一个重要原因。根据刘丹青的介词理论和语序类型学的观点，汉语属于前置词语言，介词是以前置词为主，关联标记的语序与介词一致，也是以前置关联标记为主。虽然也有“的话、时、也好”等后置关联标记，但汉语中绝大多数关联标记包括“虽然、但是、不论、即使、如果、因为、而且、就是”等都是前置关联标记。“联系项居中原则”指出联系项的优先位置应在“两个被联系成分之间”，且在“某个被联系成分的边缘位置”。汉语以前置关联标记为主，那么前置关联标记的优先位置应是“两个被联系成分”即复句的前、后分句之间，而且是后一分句的“边缘位置”即后一分句之首。“联系项居中原则”为“但是”类转折关联标记单用形式在汉语转折复句中一直处于主要地位找到了更强有力的答案。“但是”类转折关联标记是后续前置关联标记，它们的语序位置恰好居于复句前、后分句的“中介”位置，这是关联标记作为联系项的“优先位置”，因而“但是”类转折关联标记单用于复句中即居中黏结式是最为典型的转折句式。

相对而言，汉语中“虽然”类让步关联标记从产生之初就作为先行前置关联标记，位于复句的前一分句之首或分句主语之后，并没有处在“中介”的位置上，其关联的复句属于居端依赖式复句。这种形式从上古到近代一直占比较大的比例，直至现代汉语中仍在使用。这似乎与 Dik 的“联系项理论”背道而驰。然而，我们从“虽然”类单用形式减少、“虽然”类与“但是”类转折连词搭配结构兴起的趋势中看到了“联系项居中原则”的潜在制约作用。在汉语史上，就这两类形式相比较而言，前者在“消”，后者在“长”；前者从秦汉时期的 83% 逐渐降低到现当代的 22%，后者则从秦汉时期的 17% 逐渐上升到现当代的 78%。可见，汉语中因“虽然”类转折关联标记不在“联系项”的中介位置，汉语系统用了其他的方法来“补救”，让“虽然”类和“但是”类关联标记形成搭配结构。在现代汉语中，我们似乎更习惯于把“虽然……，但是……”作为一个转折复句的格式套用，在对外汉语教学中，汉语教师在教初级汉语学习者学转折复句时，也把“虽然……，但是……”作为典型格式来教。“虽然”类和“但是”类转折连词搭配结构的广泛使用，一方面是由于两者有相同的语义蕴涵——都表示转折意义，但另一方面这两类转折关联标记的语序特点也是出现这种趋势的重要原因。汉语中，“虽然”类让步关联标记是先行前置关联标记，位于先行小句中；“但是”类转折关联标记是后续前置关联标记，位于后续小句中。一方面，这种“互补”的语序位置为“虽然”类和“但是”类转折关联标记形成搭配结构提供可能；另一方面，“虽然”类让步关联标记的语序位置决定了它不能很好地起到“联系项”的作用，而“但是”类转折关联标记的出现恰好居于“中介”位置，从而弥补了这一缺陷。因此，我们有理由认为“虽然”类和“但是”类转折关联标记的搭配结构在发展演变过程中受“联系项居中原则”影响很大。

此外，如前文所示，“虽然”类让步关联标记单用时对后续句中的副词和句子语气有依赖关系，这在某种程度上也是因为受到了“联系项居中原则”的影响。虽然副词不是严格意义上的联系项，但转折副词对转折复句前后两个分句之间的语义连贯也起到了重大的关联作用，尤其是现代汉语中“虽然”类转折关联标记与“却、可是、可”这三个转折副词搭配使用。从某种程度上说，转折副词在形式上对复句的前、后分句起到了连贯作用，在语义上起到了凸显复句转折语义的作用。表反问与感叹的句子语气同样也是在后续句中与前面的“虽然”类让步关联标记呼应，起到一定的关联作用，发挥出了类似于关联标记的作用。这都是“联系项居中原则”强有力的影响所致。

7.2.3 “虽然”类让步关系小句后置与联系项理论

在转折复句体系中，“虽然”类让步关联标记引导的小句后置是现代汉语新产生的句式。吕叔湘（1980）指出，“虽然”用于后一小句，必须在主语前，且前一小句不能用“但是、可是”等转折关联标记，这种形式多用于书面语。为什么“虽然”类让步关联标记“必须”位于分句主语前而不能位于该分句的主语之后呢？为什么“虽”极少用于这种句式中呢？为什么复句前一分句中的“但是”等转折关联标记不能出现呢？关于“虽然”类让步关系小句后置形式产生的动因，包括朱德熙在内的很多语言学家认为是受到了当时西方语言尤其是英语的影响，这种句式是一种“欧化”的句式。也许这的确是这种形式产生的动因之一，然而真正要探究的问题是，为什么这类形式能够在现代汉语中生根、发芽，能够被所有说汉语的人广泛认可和普遍使用呢？这里面一定有更深层的原因，那就是“联系项居中原则”的力量。“虽然”类让步关系小句的后置，关联标记正好处在转折复句的“中介”位置，体现了前置关联标记的“优先位置”，把复句的前后两个分句紧紧联系在一起，很好地体现了其作为“联系项”的作用。

此外，还发现另一个在汉语史上出现更早使用更频繁的让步关联标记“虽”不用在这种句式中，能用在这种句式的一般都是“虽然”等双音节让步关联标记如“虽然、虽说、虽则”等。那么，作为资格最老的让步关联标记“虽”不用在这种后置形式中，这与“虽”本身的语序位置的特点有关。吕叔湘（1980）指出“虽”在现代汉语中只能用在主语之后。当“虽”连接转折复句的前、后分句时，显然没有置于“被联系成分的边缘位置”即没有位于后一分句之首，因而不能很好地起到“联系项”的作用。另外，“虽”表示让步转折语义，其转折语气似乎要比“虽然、虽说、虽则”弱一些，这与“虽然”类转折连词后置在语用上起到补充、说明、强调作用相背离。

7.2.4 转折关联标记搭配与信息结构原则

在语言运用中，信息焦点直接影响到语言单位的排列次序。按照通常的看法，汉语话语的信息编排倾向于由旧到新，因而焦点信息常常排在句末或小句的后半部。由旧到新原则是信息结构原则的基本原则，与戴浩一（1988）的时间顺序原则是一致的，即两个句法单位的相对语序决定于它们所表示的观念里的状态或事件的时间顺序。因此，汉语转折复句形成了从句在前、主句在后的语序模式，即常规语序。一般来说，由表示事实让步的“虽然”类转折关联标记引导的从句所传达的信息是旧信息，是话题的背景；而由“但是”类转折关联标记引导的主句表达的信息，才是转折复句表达的新信息或信息焦点。因此“但是”类转折关联标记用在主句中，起到了凸显新信息或信息焦点的作用。但是，“虽然”类转折关联标记后置形式，却打破了这种由旧信息到新信息的、由从句到主句的常规语序。戴浩一（1991）、吴为章（1995）、张炼强（1997）都注意到了这种类似于“虽然”类转折关联标记后置形式的语序问题。根据他们的观点，“虽然”类转折关联标记后置语序是一种打破常规语序的凸显语序或超常语序。张炼强（1997）认为，所谓凸显语序就是立足于焦点，负载说话人的兴趣、心绪和态度等，凸显语序受到“凸显原则”的制约，属于超常语序。“凸显语序”的使用，决定于说话人的主观选择，涉及信息重心的转移等等，是典型的语用语序。[69] 因此，“虽然”类转折关联标记后置形式采用这种主句在前、从句在后的超常语序，目的就是为了凸显主句。例如：

(1) 我不主动问他到重庆干什么去了，虽然我那么想知道。不探问别人的私事——我尊重这种西方的礼貌。(梁晓声：《京华闻见录》)

(2) 到底是“万元户”，我心里想，够气派。我就没有叫出租车去兜风的念头，尽管我也不是付不起十块二十的车费，不就一千字的价儿嘛，一个晚上的活儿！

（刘心武：《兔儿爷》）

这两例所列举的“虽然”“尽管”出现在后一分句句首，对前分句所述的信息起补充说明的作用，是一种主句在前、从句在后的超常语序，它们都是通过这种主句、从句语序的易位来凸显说话人的态度、心绪、兴趣等，达到表达新信息或信息焦点的作用。因此，信息结构原则中凸显信息或焦点信息的需要，是汉语超常语序存在和发展的重要因素之一。

7.3 汉语、英语、日语转折复句关联标记的对比分析

前面的考察表明，汉语有标转折复句中的关联标记都是前置型的，具体有先行前置型和后续前置型两种形式。既有两种前置型标记的单用形式，又有两种前置型标记的配套形式。种种标记模式都体现了“联系项居中原则”的类型共性。本部分主要将汉语与英语、日语有标转折复句进行对比分析，主要是对三种不同语言中有标转折复句的关联标记的语序位置进行比较分析，进而探讨其语序类型学意义。

7.3.1 汉语、英语、日语中的转折关联标记

汉语、英语和日语在形态上分别属于孤立语、屈折语和黏着语三种不同类型的语言，但是，在连接话语所表示的逻辑语义关系却是大体相同的，都可以概括为两大类：并列关系和从属关系。这反映了人类思维的一致性。目前着重在转折关联标记的语序上加以对比。关联标记的语序应该包括两种，一种是指关联标记处

于所连接的成分的前后位置，即前置和后置；另一种是指关联标记在话语中的语序，有固定和不固定之分，称之为定序和不定序，定序又可以分为先行和后续两种。由于语用因素，有些先行关联标记可与所连接的成分移动至后续小句的位置，有些则不能，我们把它们称之为可后移与不可后移关联标记。反之，有些后续关联标记由于语用因素，可与所连接的成分移动至先行小句的位置，有些则不能，我们把它们称为可前移与不可前移关联标记。[75]对于汉语中的转折关联标记，前文已多处论及，这里就不再赘述了，只看看英语和日语中的转折关联标记。

现代英语中常见的转折关联标记有 but，however，although，whereas，yet，or，except，even though，even if，in spite of，no matter, whatever 等。本书以艾米莉·勃朗特的小说《呼啸山庄》(英文版，约 10 万词）为语料进行了有标转折复句使用频率的的考察，发现这些转折关联标记均有一定的用例。其中，使用频率最高的复句句式是“…，but…”，出现 516 例；其他从高到低依次是“…，though…” 112 例；“…，yet…” 88 例；“…，however…” 43 例；“…，except…” 25 例；“…，while…” 8 例；“…，in spite of…” 7 例；“…，even though…” 2 例；“…，on the contrary…” 1 例。

日语表示转折语义的关联标记可用接续助词、接续词两种形式。二者的区别主要表现为在句中的位置不同：[76]

A：从句 + 接续助词，主句。

B：第一句。接续词，第二句。

从上面的 A 中可以看出，接续助词是用来连接谓词性成分或小句，表示各种语义关系，接续助词一般是后置的，粘附在从句的谓词性成分之后，后面有语音停顿，并有明显的形式标记。表示转折语义关系的接续助词有“のに”“が”“けれど”“ものの”、“ても”等，它们都是先行后置关联标记，将从句和主句关联起来形成转折关系复句。从B中可以看出，接续词位于两个句子中间，一般情况下位于前面句子的句号后面，接续词后面一般用逗号隔开，再引出后面的句子。表示转折语义关系的接续词有“しかし”“しかしながら”“でも”等，它们都是后续前置关联标记，是将两个句子关联起来形成一个句群。这两种关联标记语义相同，而句法功能却是对立和互补的，在句中不能同时使用这两种词，只能选择其一。而且接续助词还有一个特点，就是在一句中不能使用两个接续助词，不像汉语和英语中那样有多标记配套关联形式。由于没有找到合适的语料，因此没有对日语中的有标转折复句及其使用频率进行统计，但是收集的材料还是可以进行类型学的比较。

7.3.2 汉语、英语、日语中转折关系复句的比较

为了能够准确观察汉、英、日语转折复句中关联标记的语序类型，选择了相同逻辑语义的关系事件在三种语言中的表达形式，这样就可以很清楚地看出三种语言中转折关联标记出现位置的异同，进而从类型学角度分析三种语言中转折关联标记的语序共性和个性。

第一组：突转类关系复句［以下例句皆转引自周刚（2001）］。

（3）我跟他说过好几次，但是他就是不听。

（3′）a. He wouldn′t listen, although I told him many times.

b. I told him many times, but he wouldn′t listen.

(3″) a. 私は彼に何度も话したのに、彼は全く闻こうとしない。

b. 何度も话した。しかし、彼は全く闻こうとしない。

(4) 我们一再劝他，但是他还是不同意。

(4′) In spite of all the advice we gave him, he was not agree.

(4″) a. 私たちは彼に何度も劝めたが、彼はやはり赞成しなかった。

b. 私たちは彼に何度も劝めた。しかしながら、彼はやはり赞成しなかった。

(5) 这工作很不容易，不过我们还可以对付。

(5′) This is indeed no easy job, but still we can tackle it .

(5″) a. この仕事はもともと容易ではないけれど、私たちならば何とかなる。

b. この仕事はもともと容易ではない。でも、私たちならば何とかなる。

(6) 他对自己能否成功没有把握，然而他想试试。

(6′) He wasn't sure he could succeed ; however, he would try.

(6″) 彼は成功できるかどうか自信がなかったものの、やってみようと思った。

(7) 我是想跟你们一起去，只是我太忙了。

(7′) I would go with you together except that I am too busy.

(7″) 私はあなたたちと行きたい。だが、忙しすぎます。

从上面的例句中可以看出，汉语表示突然转折的复句中，转折关联标记都是居于复句后分句句首位置，如例 (3) ~ 例 (7) 中的“但是、不过、然而、只是”，均位于后分句句首位置，将前、后分句关联起来，表示突然转折关系。这些转折关联标记都是“后续前置关联标记”，符合“联系项居中”的语序共性。

同样语义关系的句子，在英语中的表达方式和汉语差不多，可以看到，例 (3′) ~ 例 (7′) 中的转折关联标记“although、but、however、except”也都是位于后分句句首位置，将前、后分句关联起来，也是典型的“后续前置关联标记”，也符合“联系项居中”的语序共性。

而在日语中，表示转折语义关系的可以有两种形式，一类是接续助词，它们位于复句前分句句末的位置，后面用逗号隔开，将前、后分句关联起来表示转折语义关系。如例 (3″) a 的“しかし”、例 (4″) a 的“が”、例 (5″) a 的“けれど”、例 (6″) 的“ものの”。它们都是典型的“先行后置关联标记”。另一类是接续词，接续词也是表示同样的语义关系，但是它们关联的对象和方式与接续助词不同，接续词位于句子之间后一个句子的句首位置，前面有上个句子的句号，后面还有顿号等符号。如例 (3″) b 的“のに”、例 (4″) a 的“しかしながら”、例 (5″) b 的“でも”、例 (7″) 的“だが”。它们都是典型的“后续前置关联标记”。日语转折关系复句中，无论是用“先行后置关联标记”，还是用“后续前置关联标记”，它们都居于前、后分句中间起关联作用，也符合“联系项居中”的语序共性。

第二组：让转类关系复句。

(8) 即使你不高兴，我也没有办法。

(8′) I can′t help it even though you don′t like it .

(8″) あなたが喜ばなくても、私はしょうがない。

(9) 就是太阳从西边出来，我也办不到。

(9′) Even if the sun were to rise in the west, I couldn′t .

(9″) たとえ太阳が西から升ったとしても、私にはできない。

(10) 哪怕一个晚上不睡觉，我也要把一切都准备好。

(10′) I'll get everything ready, even if I have to stay up all night .

(10″) たとえ一晩寝なくても、全てを准备しなければならない。

(11) 纵然成功的希望不大，我们也要试试。

(11′) We will try even if there isn′t much hope of success.

(11″) たとえ成功の望みがあまりなくても、私たちはやってみられなければならない。

汉语中的让转关系复句一般在前分句句首用让步关联标记引领，后分句用转折关联标记（包括连词和副词）接应，形成前让后转的配套关联格式。可以看到，这些配套的让转关联标记均位于前、后分句的句首位置，分别是“先行前置关联标记”和“后续前置关联标记”。如例（8）～例（11）的“即使、就是、哪怕、纵然”和“也”。英语中表示让步关系的标记都是从属连词，单个使用，不需要关联成分与之搭配，一般都是“后续前置关联标记”，如例（8′）的“even though”和例（10′）、例（11′）的“even if”。有时为了表达的需要，让步关联标记也可以前移至前分句的句首位置，成为“先行前置关联标记”，如例（9′）的“Even if”。而日语中表示让步关系的标记都是使用“ても”，这是一个接续助词，用在前分句的句末位置，一般不能后移，是一个“先行后置关联标记”。这些关联标记一般都是位于前、后分句之间，关联前、后分句形成让转类复句，符合“联系项居中”的语序共性。

第三组：假转关系复句。

（12）你还是听他的话好，不然，你会惹麻烦的。

（12′）You had better take his advice, otherwise you'll get into trouble.

（12″）あなたは彼の话を闻いた方が良い。さもなくば、面倒を起こすだろう。

（13）我们必须努力，否则计划就会失败。

（13′）We must work hard, or we'll be fail in the plan.

（13″）わたしたちは努力しなければならない。さもなくば、计画は失败するだろう。

汉语中表示假转关系一般用假设转折关联标记“不然”或“否则”，如例（12）、例（13），关联标记一般位于复句后分句句首位置，将前、后分句关联起来，是典型的“后续前置关联标记”。英语中表示假转关系一般用关联标记“otherwise”或“or”，如例（12′）、例（13′），它们一般位于复句后分句句首位置，将前、后分句关联起来，也是一种“后续前置关联标记”。在日语中，假转关系都用接续词“さもなくば”来标记，如例（12″）、例（13″），它们也是一种“后续前置关联标记”。这些关联标记一般都是位于前、后分句之间，关联前、后分句形成假转类复句，符合“联系项居中”的语序共性。

通过以上的对比分析，可以很清楚地看到，汉语有标转折复句中的关联标记都是“前置关联标记”，其中大部分是“后续前置关联标记”，少部分是“先行前置关联标记”，二者既可单用也可配套使用的。英语有标转折复句中的关联标记基本上都是“后续前置关联标记”，有时可以临时语用为“先行前置关联标记”。日语有标转折复句中的关联标记既有“后续前置关联标记”，又有“先行前置关联标记”，二者的表现形式不同，连接的句子成分不一样，形成的句子格局不一样，但关联标记的功能是一样的。

7.3.3 有标转折复句联系项的居中倾向

从上面例句的对比中可以看出，汉语、英语、日语虽然属于三种不同类型的语言，分别是孤立语、屈折语、黏着语的代表性语言，但是它们的有标转折复句中的关联标记的语序有相同的倾向共性。有研究表明，英语是以 SVO 为基本语序的语言，使用前置介词；日语是以 SOV 为基本语序的语言，使用后置介词；汉语则介于二者之间，以 SVO 语序为主，有时由于某些语用因素，出现一些 SOV 语序。与英语和日语的语序相比较，汉语似乎处于中间状态，因此，汉语中的介词是以前置介词为主，后置介词为辅。这充分显示了语言的蕴涵倾向性，即该语言的基本语序与介词语序基本一致。刘丹青（2003）在考察了上海话的连词系统后指出，“前后置介词并存的语言同时存在前后置连词”，[77] 并认为这是语序和谐性的表现。而在考察汉语有标转折复句中，没有发现“后置关联标记”，但是从汉语的整个连词系统来看，是有“后置关联标记”的，如“你不去的话，我也不去”中表假设关系的“的话”就是一个“后置关联标记”。但是，汉语中这种“后置关联标记”非常有限，关联标记的主体是“前置关联标记”，尤其是“后续前置关联标记”。因此，从有标转折复句的角度来看，转折关联标记的语序与介词的语序既有和谐一致的一面，又有不一致的一面。

综合来看，有标转折复句的关联标记在三种语言中表现出了相同的倾向共性，即“联系项的居中倾向”。通过例句可以看到，汉、英、日语中非常一致地使用“后续前置关联标记”，而不使用“后续后置关联标记”。后续前置关联标记位于前、后分句之间，后分句之首，正好处于“居中”的位置。而且，后续前置关联标记在三种语言的有标复句体系中都居于主体地位。除了这种主体标记外，汉语和英语中都有一定量的“先行前置关联标记”，但是，这大都是出于临时语用原因的影响，而且，一般要与后续前置关联标记配套使用，语义重心仍然在后分句上，同样表现出了强烈的“居中”倾向。在日语中，除了用为后续前置关联标记的接续词外，还有大量用为先行后置关联标记的接续助词，接续助词位于前一个句子的句末位置，它的功能也是将前后两个分句关联起来，表达转折语义关系。虽然接续助词和接续词一个前置一个后置，但是，二者都居于前后两个句子或小句之间，也是处于“居中”位置。因此，汉、英、日语中的转折关联标记都表现出了强烈的居中倾向，表现出“联系项居中”的语言语序类型共性。

汉、英、日语中转折关联标记的居中倾向与它们的语义功能和认知功能有关。语义功能这里主要是指关联标记的语义指向。前置关联标记都是后指的，即语义指向关联标记后面的话语；后置关联标记都是前指的，即语义指向关联标记前面的话语。认知功能体现在关联衔接理解上，先行前置关联标记连接小句和句子时，一般都能预测到后续句有后续关联标记或关联副词与之搭配。后续关联标记在连接小句和句子时，处于所连接的小句或句子之首，虽然语义上指向后面的话语，但是认知上却是承上启下。所以尽管与之搭配的先行关联标记可以省略，后续关联标记却不能省略。正是因为后续关联标记的这种功能才使它处于两个小句、两个句子甚至两个段落的中间位置，起到将前后两个语段关联起来的作用。而先行后置关联标记虽然语义指向前面小句（不能连接句子），但是认知上也是承上启下的，后续话语中就不必再要其他关联成分与之呼应了，因此先行后置关联标记也是处于两个小句的中介位置。中介位置是前后两段话连接的最佳位置，最便于理解和记忆。反之，假如后续关联标记后置在句末甚至在段落末尾，那么就难以发挥连接功能，不利于理解和记忆。所以，自然语言里有使用先行后置关联标记和后续前置关联标记而不使用后置后续关联标记的倾向性，就是为了使关联标记很好地发挥关联作用。

7.4 小　　结

本部分是从类型学的角度对汉语有标转折复句进行了分析，并通过与英语、日语的对比分析，确认了转折关联标记有强烈居中倾向的语言类型学共性，但同时三者的关联标记的语序位置又表现出各自的个性，在“联系项居中原则”的强制影响下有不同的表现方式。

第八章　结　　语

8.1　本书的结论

本书主要得到以下几个方面的结论：

（1）从语义类型的角度来看，突转类复句是现代汉语有标转折复句体系的主体，语用频率最高，占73%；其次是让转类复句，语用频率次之，占24%；假转类复句的语用频率是最低的，仅占3%。从语用频次数来看从高到低依次是：

突转类—让转类—假转类

语用的句式数量从多到少依次是：

让转类—突转类—假转类

可见，让转类复句句式数量最多，使用频次次之；突转类复句使用频次最高，句式数量次之；而假转类复句无论是句式使用数量还是使用频次都是最低的。

（2）从关联标记的角度来看，现代汉语有标转折复句的主体是单标式复句，句式数为76种，语用频次为7 184次，占总次数的80%；其次是配套式复句，句式数为78种，语用频次为1 296次，占14%；句式数和语用频次最少的是多标式复句。单标式复句在口语语体和文学语体中出现最多；配套式复句在多种语体中出现数量比较均衡，只有科技语体稍低；多标式复句在科技语体中出现最多。由此可见，口语及文学语体倾向于使用单标式复句，可以简单明了地表情达意；科技语体倾向于使用多标式复句，这是与科技语体长于逻辑推理、表达较为复杂的思想分不开的。

(3) 根据关联标记在复句中出现的位置，可将现代汉语有标转折复句的关联标记模式分为三种类型，分别是居中黏结式、前后配套式和居端依赖式。考察表明，居中黏结式复句是单标式复句中的主体，使用频率非常高。统计显示其使用频次为 6 998 次，占总次数的 78%。前后配套式复句主要是让转类复句，在现代汉语有标转折复句体系中的比例也是很高的，使用次数为 1 382 次，占总次数的 15%。根据关联标记出现的位置，又可把前后配套式分为典型的前后配套式和非典型的前后配套式，它们各有不同的语用价值。居端依赖式复句主要是单标让转类复句，其使用频率较低，居端依赖式主要表现为对副词和句子语气有依赖关系。两种居端依赖式复句的分布有明显的语体差异，具体表现为对句子语气的依赖关系主要出现在口语语体中，而对副词的依赖关系则多种语体中都有表现，但在文学语体中最为集中。三种关联类型的复句都充分体现了“联系项居中原则”语言语序类型学共性。

(4) 关联标记出现的数量和位置对汉语有标转折复句的使用频率有很大的影响。现代汉语有标转折复句句式的使用频率与句式中的关联标记数量成反比关系，复句句式中出现的关联标记越少，其使用频率越高；标记越多则使用频率越低。因此，从关联标记数量的角度来看，汉语有标转折复句句式使用频率从高到低依次是：

单标式复句—配套式复句—多标式复句

这与语用表达的经济性原则有关。

(5) 关联标记居于常规位置的复句句式使用频率要远远高于关联标记位于非常规位置的句式。根据 Dik 的“联系项居中原则”，复句关联标记的常规位置是复句前、后分句之间的位置。因此，居中黏结式复句的使用频率最高，其次是前后配套式，使用频率最低的是居端依赖式。进一步的考察表明，单标让转类复句中大部分的标记“先行前置型”的使用频率要远高于标记“后续前置型”，少数几种句式呈相反分布，还有几种居于过渡地带，这也与关联标记是否用于常规位置有关。

(6) 从多标式复句后分句中多个转折关联标记是否连用来看，“多标分散式”的使用频率远远高于“多标相连式”，这是因为“多标分散式”复句中的“转折线”和“转折点”分开了，可以使语用表达层次清晰、表意明确、重点突出，使语言表达非常清晰准确。

(7) 从句式构成来看，小句的完整性对复句使用频率有很大的影响。通过对“(……) 虽然……，但(是) ……”类复句的考察发现，前分句为“完整主谓小句”的使用频率是“非完整主谓小句”的 12 倍之多。这是因为在主谓完整的小句中，关联标记可以多视点分布，语用表达有很大的灵活性，因此语用者更愿意选择主谓完整的小句作分句的复句，从而导致复句分句的完整性对复句的使用频率有如此大的影响。

(8) 通过对小句主语与关联标记的语序对复句使用频率影响的比较发现，“主语居前型”差不多是“标记居前型”的两倍，“主语居前型”占有优势地位，语用者倾向于使用“主语居前型”复句。

从语体分布来看，“标记居前型”和“主语居前型”复句在口语语体中的使用频率差不多，前者稍占优势；但是在文学语体、新闻语体和科技语体中，则完全是后者占优势地位，后者差不多平均是前者的两倍。这反映了口语语体和书面语体的差别。

（9）关联标记的双音节化、口语化有很大的影响。单音节标记“但”和双音节标记“但是”在口语语体和书面语体中的使用频率刚好呈现出相反的分布特点：口语语体中多用双音节关联标记“但是”，书面语体中多用单音节标记“但”，这充分说明了词汇双音节化倾向的语体差异对有标转折复句语用频率的影响。口语化标记的复句句式在口语语体、文学语体中的使用频率高达到94%，口语化倾向非常明显，而在新闻语体和科技语体中总计仅占6%，说明新闻语体和科技语体是很正式的书面语体，很少用口语化的转折关联标记。

（10）汉语有标转折复句从古代汉语到现代汉语的历时变化中，表现最突出的特点为：有标转折复句句式越来越多，有标转折复句体系越来越庞大，语用表达越来越多样化；高频句式一直以单标句式为主体，单标式复句的语用频率呈历时递减的趋势，多标配套式复句的语用频率呈历时递增的趋势。各个历史时期的高频句式具有历时替代关系；口语化标记句式增加，从古沿用至今的句式很少。

（11）汉语有标转折复句句式由秦汉时期的30种增至现当代的128种，这种巨大的变化可以用认知语言学的“家族象似性”来解释。从句法结构理据来看，有标转折复句本身就是对有违常规事件关系的临摹，汉语有标转折复句句式之间具有明显的“家族象似性”联系，多标配套句式是基于原型单标句式的象似性拓展。一直居于主体地位的高频单标句式和句式数量越来越多的多标配套句式呈历时互逆性发展趋势，充分显示了人们在语用表达中，总是在保证语用的经济性原则的基础上，追求语用表达能力最大化的原则，从而达到一种博弈平衡。汉语有标转折复句体系由单标句式数量和语用频率递减、多标配套句式数量和语用频率递增的变化，凸显了“联系项居中原则”的力量，显示了语言的语序类型学共性。

(12) 从类型学的角度对汉语有标转折复句进行分析，并通过与英语、日语的对比分析，确认转折关联标记有强烈居中倾向的语言类型学共性，但同时三者的关联标记的语序位置又表现出各自的个性，在“联系项居中原则”的强制影响下有不同的表现方式。

8.2 本书的意义

本书的意义主要通过三个方面体现出来。

8.2.1 研究视点具有开创性

本书研究的对象是汉语复句中的有标转折复句，通过对共时和历时两个方面连续真实文本语料的考察，统计各类有标转折复句句式的语用频率和分布情况，进而探讨汉语有标转折复句的分布规律和影响因素，并通过关联标记的关联类型及其与英语、日语的比较探讨其类型学意义。

本书之所以选择有标转折复句进行研究，是因为复句是小句的组合，是小句联结的一种语法实体。复句中的小句既是相对独立的，又是互相依存的，有着复杂多样的关联机制。弄清了复句的关联机制，下可促进对小句、短语乃至词的研究，上可促进句群、段落和篇章的研究。因此，选择复句进行研究对汉语语法研究的全面深入展开具有承上启下的作用。最初准备是以整个“汉语有标复句”为研究对象的，但在进行统计考察后发现，这个范围实在太大了，工作量太大了，短期内根本无法完成，所以又将研究对象缩小为“汉语有标转折复句”。之所以如此选择，是因为与因果关系复句和并列关系复句相比，转折类复句具有更加复杂深刻的逻辑语义基础，其内部分类也更加丰富多彩。更重要的是，相对因果关系复句和并列关系复句等常态关系来说，转折类复句表达的是一种异态关系，一般都要用转折关联标记来标明分句间的转折语义关系，因此，在研究之中就可以根据转折关联标记这一显性“标记”进行例句的搜集分析考察，使研究的对象基本可以涵盖所有的转折复句，使研究结论更全面、更可靠、更符合客观语言实际。这样，可以通过有标转折复句的深入研究带动整个复句系统的研究，从而使汉语语法研究走向深入。

8.2.2 得出了许多新鲜的结论

本书的统计考察分别从共时和历时两个平面进行，共时平面的还注意到了语体的差异，共计统计了近千万字的连续真实文本语料，根据统计数据得出了一些有规律性的结论。如有标转折复句的主体是居中黏结式而不是前后配套式；居端依赖式复句对后分句中的副词或句子语气有依赖关系；有标转折复句句式的使用频率与句式中的关联标记数的反比倚变关系；转折关联标记是否连用对复句使用频率的影响；小句的完整性对复句使用频率的影响；小句主语与关联标记的语序对复句使用频率的影响；关联标记的双音节化、口语化对复句使用频率的的影响；汉语有标转折复句体系的历时变化显示了语用经济性原则和表达能力最大化原则的博弈平衡；汉语有标转折复句体系的历时变化与“联系项居中原则”的制约等。这些结论都是根据统计数据综合分析得出的，有助于深化对汉语有标转折复句的认识。

8.2.3 研究方法上有一定的创新性

本书继承了传统语法研究的一些优良做法，追求对汉语语法现象的“观察充分”“描写充分”和“解释充分”。同时又力求在理论和方法上有所创新，使用新的理论、新的方法来研究汉语问题。本书的理论背景是国内的“小句中枢理论”和国外的“认知功能语言学理论”“语言类型学理论”。要更好地研究汉语语法现象，有必要把国内的先进理论和国外的先进理论结合起来，而且有必要在汉语语法研究中运用现代先进的科学技术手段。因此，本书在研究过程中以先进的语法理论为指导，以较大规模的语料样本为数据支持，将传统的朴学与先进的计算机查询结合起来，保证了数据收集的便捷性、准确性；将传统的分布分析法和当代的认知功能语法和语言类型学结合起来，保证了相关解释的科学性和合理性。

8.3 本书的不足

首先在研究上还不够深入，尤其是结合语义关系进行的深入研究不多。在宏观考察方面较为全面，微观个案深入分析不够。如果结合有标转折复句的历时考察，就典型的转折关联标记进行语法化探讨，文章可能会更深入些，也会更有意义，但由于时间、精力、学力的制约，这项工作没有进行，有待于改进。

其次，在进行共时平面的语料考察时，主要是靠人工统计的，难免会出现不够准确的情况；而且，由于对关联标记数量和范围认识的局限，可能会遗漏某些重要的转折复句句式，尤其是历时平面的统计考察可能会出现这种考虑欠周全的情况。

再次，对于具体句式的分析，因为把握不准可能会出现误读误判的情况，从而影响分析和解释的准确性。

对于这些不足，今后应不断加强理论素养和研究能力，改进研究方法，进行更深入细致的考察和探究，使汉语复句研究更全面更准确更深入。

参 考 文 献

[1] 李宇明 . 汉语语法“本位”论评：兼评邢福义“小句中枢说”[J]. 世界汉语教学，1997(1):17-24.

[2] 储泽祥 . 小句是汉语语法基本的动态单位 [J]. 汉语学报，2004(2):48-55，96.

[3] 姚双云 . 复句关系标记的搭配研究 [M]. 武汉：华中师范大学出版社，2008.

[4] 罗日新 . 关联词语分布态势及奥秘所在 [J]. 辽宁师范大学学报（社会科学版），1995(1):57-61.

[5] 郭志良 . 现代汉语转折词语研究 [M]. 北京：北京语言文化大学出版社，1999.

[6] 马建忠 . 马氏文通 [M]. 北京：商务印书馆，1983.

[7] 黎锦熙 . 新著国语文法 [M]. 北京：商务印书馆，1992.

[8] 王力 . 中国现代语法 [M]. 北京：商务印书馆，1985.

[9] 吕叔湘 . 中国文法要略 [M]. 北京：商务印书馆，1982.

[10] 高名凯 . 汉语语法论 [M]. 北京：商务印书馆，1986.

[11] 张志公．汉语知识 [M].2 版．北京：人民教育出版社，1962.

[12] 黎锦熙，刘世儒．汉语语法教材 [M]. 北京：商务印书馆，1962.

[13] 北京师范大学中国语言文学系．汉语讲义 [M]. 北京：高等教育出版社，1958.

[14] 北京大学中国语言文学系汉语教研室．现代汉语 [M]. 北京：商务印书馆，1962.

[15] 丁声树，吕叔湘，等．现代汉语语法讲话 [M]. 北京：商务印书馆，1961.

[16] 胡裕树．现代汉语：增订本 [M]. 上海：上海教育出版社，1987.

[17] 杨欣安．现代汉语 [M]. 重庆：重庆人民出版社，1958.

[18] 张静．新编现代汉语 [M]. 上海：上海教育出版社，1986.

[19] 钱乃荣．现代汉语 [M]. 北京：高等教育出版社，1990.

[20] 易洪川．应用汉语教程 [M]. 北京：北京语言学院出版社，1992.

[21] 王维贤．现代汉语复句新解 [M]. 上海：华东师范大学出版社，1994.

[22] 邢福义．复句与关系词语 [M]. 哈尔滨：黑龙江人民出版社，1985.

[23] 邢福义．汉语复句格式对复句语义关系的反制约 [J]. 中国语文，1991(1)：1-9.

[24] 邢福义．复句问题论说 [M]// 语法问题探讨集．武汉，湖北教育出版社，1986：273-295.

[25] 邢福义．现代汉语转折句式 [M]// 语法问题思索集．北京，北京语言学院出版社，1995：242-260.

[26] 党军旗．转折复句深层结构试析 [J]. 运城师专学报，1988(2)：63-68.

[27] 郭志良．汉语复句问题的思考 [J]. 语言研究，2002(1)：15-22.

[28] 邢福义．语法研究中“两个三角”的验证 [J]. 华中师范大学学报（人文社会科学版），2000，39(5)：38-45.

[29] 邢福义．研究观测点的一种选择：写在“小句中枢”问题讨论之前 [J]. 汉语学报，2004(1)：47-51.

[30] 赵艳芳．认知语言学概论 [M]. 上海：上海外语教育出版社，2001.

[31] 刘丹青．语序类型学与介词理论 [M]. 北京：商务印书馆，2003.

[32] 张伯江．语体差异和语法规律 [J]. 修辞学习，2007(2)：1-9.

[33] 陶红印．试论语体分类学的语法学意义 [J]. 当代语言学，1999(3)：15-24，61.

[34] 吕叔湘．通过对比研究语法 [J]. 语言教学与研究，1992(2)：4-18.

[35] 朱德熙．语法答问 [M]. 北京：商务印书馆，1985.

[36] 朱德熙．现代汉语语法研究的对象是什么？[M]// 朱德熙．朱德熙文集：第 3 卷．北京：商务印书馆，1999.

[37] 胡明扬．语体与语法 [J]. 汉语学习，1993(2)：1-4.

[38] 邢福义．汉语复句研究 [M]. 北京：商务印书馆，2001.

[39] ADELE E. GOLDBERG. 构式：论元结构的构式语法研究 [M]. 吴海波，译. 北京：北京大学出版社，2007.

[40] 储泽祥 ."十五"期间的现代汉语语法研究 [J]. 汉语学习，2005（1）：3-8.

[41] 储泽祥，陶伏平 . 汉语因果复句的关联标记模式与"联系项居中原则"[J]. 中国语文，2008(5):410-422，479-480.

[42] 沈家煊 . 不对称和标记论 [M]. 南昌：江西教育出版社，1999.

[43] 彭利贞 . 无关联词转折复句的形式标记 [J]. 杭州大学学报，1997（4）：67-73

[44] 黄伯荣，廖序东 . 现代汉语：增订四版 [M]. 北京：高等教育出版社，2007.

[45] 袁晖，李熙宗 . 汉语语体概论 [M]. 北京：商务印书馆，2005.

[46] 景士俊 . 析"却"[J]. 内蒙古师大学报（哲学社会科学版），1995(1)：40-46.

[47] 邢福义 . 汉语语法学 [M]. 长春：东北师范大学出版社，1996.

[48] 徐烈炯，刘丹青 . 话题与焦点新论 [M]. 上海: 上海教育出版社，2003.

[49] 赵元任 . 汉语口语语法 [M]. 北京：商务印书馆，1979.

[50] 徐烈炯，潘海华 . 焦点结构和意义的研究 [M]. 北京：外语教学与研究出版社，2005.

[51] 郭锡良 . 汉语史论集 [M]. 北京：商务印书馆，1997.

[52] 吕叔湘 . 近代汉语指代词 [M]. 上海：学林出版社，1985.

[53] 王力 . 汉语史稿 [M]. 北京：中华书局，2004.

[54] 志村良治 . 中国中世语法史研究 [M]. 江蓝生，白维国，译 . 北京 : 中华书局，1995.

[55] 向熹 . 简明汉语史（上）[M]. 北京：高等教育出版社，2010.

[56] 蒋冀骋 . 古代汉语 [M]. 长沙：湖南大学出版社，2011.

[57] 郭锡良 . 汉语史的分期问题 [J]. 语文研究，2013(4)：1-4.

[58] 杨伯峻，何乐士 . 古代汉语语法及其发展 [M]. 北京：语文出版社，2001.

[59] 何乐士 . 左传的单句和复句初探 [M]// 山东社会科学院语言文学研究所 . 先秦汉语研究 . 济南：济南出版社，1982：266-267.

[60] 王力 . 汉语语法史 [M]. 北京：商务印书馆，1989.

[61] 刘利 . 上古汉语的双音节连词“然而”[J]. 中国语文，2005(2)：146-151，192.

[62] 朱城 . 试论转折连词“然”的形成 [J]. 古汉语研究，2007(3)：67-69.

[63] 刘利 .“然而”的词汇化过程及其动因 [J]. 北京师范大学学报（社会科学版），2008(5)：49-55.

[64] 管燮初 . 西周金文语法研究 [M]. 北京：商务印书馆，1981.

[65] 李维琦 .《尚书·盘庚》语法 [M].// 高思曼，何乐士 . 第一届国际先秦汉语语法研讨会论文集 . 长沙：岳麓书社，1994.

[66] 梅立崇 . 关联副词“却”试析 [J]. 语言教学与研究，1998(3)：114-126.

[67] 唐贤清 .《朱子语类》副词研究 [M]. 长沙：湖南人民出版社，2004.

[68] 祁聿民，苏杨，李青．广告美学：原理与案例 [M]. 北京：中国人民大学出版社，2003:151.

[69] 张炼强．汉语语序的多面考察（下）[J]. 首都师范大学学报（社会科学版），1997(6):39-47.

[70] 复旦大学语法修辞研究室．语法修辞方法论 [M]. 上海：复旦大学出版社，1991.

[71] 王甦，汪安圣．认知心理学 [M]. 北京：北京大学出版社，1992.

[72] LAKOFF G. Women, Fire and Dangerous Things: what categories tell us about the nature of thought[M]. Chicago: The University of Chicago Press, 1987.

[73] 王艾录，司富珍．语言理据研究 [M]. 北京：中国社会科学出版社，2002.

[74] 戴兴敏．汉语“虽”类和“但”类连词匹配框架及其类型学解释 [D]. 长沙：湖南师范大学，2006.

[75] 周刚．连词的范围和分类之再认识 [J]. 中国语学，日本中国语学会，1999(53).

[76] 李再红，马文奎．从汉日转折复句关联词语的使用管窥中日文化心理差异 [J]. 赤峰学院学报（汉文哲学社会科学版），2006(5):115-116，148.

[77] 刘丹青．语言类型学与汉语研究 [J]. 世界汉语教学，2003(4):5-12，2.

后　记

这本小书是在我2008年提交的博士学位论文《汉语有标转折复句的关联标记模式及使用情况考察》的基础上扩充修改而成的。这次出版做了一些改动，增加了许多章节，书名和内容都有一些实质性的变化。

在此，我要衷心感谢在博士学习、博士论文写作和出版修改过程中给予方方面面帮助的教授、专家、领导和同仁。

首先要特别感谢我的导师储泽祥教授。从硕士阶段开始，我就师从储老师学习汉语语法。导师的人格魅力和学术魅力深深地影响着我，是他引导我一步步走向博大精深的专业领域。储老师不仅在学业上手把手教我，在生活中也经常关心我，好多次去老师家请教问题，老师都不厌其烦地给予细致、深入的指导。我每一次都有醍醐灌顶的感悟，在迷途中豁然开朗。好多次谈着谈着就到了饭点，老师热情邀请我一起就餐，在餐桌上边吃边谈，继续指导我，那一幕幕情景至今记忆犹新。我的硕士论文、博士论文，从提纲的确定、反复修改、直到定稿，自始至终都是在老师的耐心指导下完成的，老师的每一次指导和建议，都像是暗夜里的一束光，给我指明方向、拨开迷雾、带来力量。可以这么说，我在专业上的点滴进步都是和老师的精心指导密不可分的，没有老师的指导，就没有今天的我。我深知自己学得很不够，但我会循着老师的教诲继续努力前行。

我还要感谢吴振国教授、盛新华教授、唐贤清教授、吴启主教授、鲍厚星教授、罗昕如教授、彭泽润教授，以及三位不知姓名的学位论文盲审专家，感谢他们在我博士毕业论文开题、论文匿名评审和毕业答辩等环节中提出的宝贵意见和修改建议，感谢他们指出了我因为学识不够而忽视的许多盲点问题，从而使我的毕业论文逻辑更加严密，架构更加合理，表述更加清晰。同时也要感谢湖南师范大学文学院汉语言文字学专业的诸位老师，在师大四年学习过程中给予我深刻的思想启迪、广博的知识传授、严格的方法训练，老师们授课的场面至今仍历历在目。

我也要感谢华中师范大学姚双云教授的鼎立相助，他给我提供了大量的分语体语料得以建设语料库，使研究得以顺利进行。感谢陶伏平、彭建平、彭晓辉等同门，在和他们一起学习的过程中相互切磋、共同研讨，获益良多。

还要感谢湖南科技大学社会科学处为本书的出版提供了学术著作出版基金资助，为了将博士论文扩充成一本书，我得到了导师储泽祥教授的悉心指导和建设性意见。同时，也得到了匿名评审专家宝贵的修改意见，在此一并致以诚挚的谢意。